Kinder und Jugendliche mit geistiger Behinderung und herausforderndem Verhalten in stationären Wohneinrichtungen

Charakteristika, pädagogisches Handeln, freiheitsentziehende Maßnahmen

Thomas Reiter, Andrea Kapfer, Wolfgang Dworschak, Christoph Ratz
(unter Mitarbeit von Franziska Portenlänger)

Kinder und Jugendliche mit geistiger Behinderung und herausforderndem Verhalten in stationären Wohneinrichtungen

Charakteristika, pädagogisches Handeln, freiheitsentziehende Maßnahmen

Thomas Reiter, Andrea Kapfer, Wolfgang Dworschak, Christoph Ratz
(unter Mitarbeit von Franziska Portenlänger)

Reihe: bentheim:pädagogik bei geistiger behinderung

Band 1

Reihenherausgeber: Prof. Dr. Wolfgang Dworschak, Prof. Dr. Christoph Ratz

edition bentheim, Würzburg 2022

EDITION BENTHEIM

Bibliografische Information der Deutschen Nationalbibliothek

Die Deutsche Nationalbibliothek verzeichnet diese Publikation in der Deutschen Nationalbibliografie; detaillierte bibliografische Daten sind im Internet über http://dnb.dnb.de abrufbar.

1. Auflage, Erscheinungsjahr: 2022

Print: 978-3-948837-06-8

E-Book: 978-3-948837-07-5

DOI: 10.36195/978-3-948837-07-5

Barrierefreier Satz: blista e.V.

Coverdesign: Ulrike Pichl (Werbeagentur wildweiss GmbH)

Lektorat: Dr. Wolfgang Drave, Dr. Michael Weis

Ohmstraße 7, D-97076 Würzburg

www.edition-bentheim.de

Danksagung

An dieser Stelle möchten wir unseren Kooperationspartner*innen aus der pädagogischen Praxis unseren besonderen Dank aussprechen. Während des gesamten Forschungsprozesses begegneten sie uns mit dem für dieses Forschungsprojekt notwendigen Vertrauen und gewährten uns mit großer Offenheit Einblick in ihre Arbeit. Das uns entgegengebrachte Vertrauen verdient angesichts der besonders sensiblen Thematik besondere Erwähnung und Anerkennung.

Vorwort der Reihenherausgeber zur barrierefreien Schriftenreihe

Wir freuen uns sehr, dass die edition bentheim uns die Möglichkeit gibt, die Schriftenreihe **bentheim:pädagogik bei geistiger behinderung** herauszugeben. Wir möchten in dieser Reihe wissenschaftliche Bücher vereinen, die zu Themen der Pädagogik und Didaktik bei geistiger Behinderung entstanden sind. Dabei möchten wir den Schwerpunkt auf Originalarbeiten legen, die überwiegend als Monografien erscheinen werden, wir denken dabei an Dissertationen, hervorragende Abschlussarbeiten und Forschungsberichte. Die wissenschaftliche Qualität und Originalität steht für uns dabei im Vordergrund. Die Reihe entsteht aus der in den letzten Jahren immer intensiver gewordenen Zusammenarbeit mit der Blindeninstitutsstiftung, welche auch in diesem ersten Band der Reihe sichtbar wird. Tatsächlich lassen wir damit aber auch eine Tradition des Verlages wieder aufleben, denn in den ersten Jahren des Bestehens wurden in der edition bentheim mit Büchern von Dieter Fischer, Heidemarie Adam und Manfred Breitinger einschlägige Werke der Geistigbehindertenpädagogik verlegt.

Alle Publikationen der Reihe erscheinen zum einen als gedrucktes Print-on-demand-Buch und zum anderen als barrierefreies E-Book. Im Sinne der Inklusion und des Universal Design war es dem Verlag und uns dabei wichtig, bei der Produktion der Bücher kein separates Format für blinde und sehbehinderte Leserinnen und Leser zu entwickeln. Stattdessen sollten die Bücher, die bislang nur Menschen ohne Einschränkungen im Sehen zugänglich waren, so aufbereitet werden, dass keine oder nur wenige Hürden die Lektüre erschweren oder verhindern. Hierzu zählen u. a. eine barrierearme Schriftart in ausreichender Schriftgröße beim gedruckten Buch sowie die allgemeinen Chancen, die ein E-Book bietet (Vergrößerung, Nutzen eines Screen-Readers, etc.). Möglicherweise geht die Umsetzung mit kleineren Kompromissen für alle Zielgruppen einher, wir glauben aber (und freuen uns darüber), dass uns die Umsetzung insgesamt gut gelungen ist.

Wir hoffen auf zahlreiche Publikationen im Bereich der Pädagogik und Didaktik bei geistiger Behinderung und wünschen eine spannende Lektüre.

Prof. Dr. Wolfgang Dworschak und Prof. Dr. Christoph Ratz

die Herausgeber der Schriftenreihe

Inhaltsverzeichnis

Abkürzungsverzeichnis

E	Erhebung
FeM	Freiheitsentziehende Maßnahme, freiheitsentziehende Maßnahmen
GdB	Grad der Behinderung
GVPW	Gesamtverhaltensproblemwert (des VFE)
HV	Herausforderndes Verhalten, herausfordernde Verhaltensweisen
ICD-10	Internationale statistische Klassifikation der Krankheiten und verwandter Gesundheitsprobleme der Weltgesundheitsorganisation / World Health Organisation (WHO)
ipB	Intensivpädagogischer Betreuungsbedarf
kipB	Kein intensivpädagogischer Betreuungsbedarf
SFGE	Schülerschaft mit dem Förderschwerpunkt geistige Entwicklung – Für Bayern repräsentative Studien (SFGE und SFGE II) zur Beschreibung der Schülerschaft im Förderschwerpunkt geistige Entwicklung (Dworschak, Kannewischer, Ratz & Wagner, 2012; Baumann et al., 2021).
UK	Unterstützte Kommunikation
VFE	Verhaltensfragebogen bei Entwicklungsstörungen von Einfeld, Tonge und Steinhausen (2007)

1 Einleitung und theoretischer Hintergrund

Schon seit vielen Jahren wird in der Heil- und Sonderpädagogik der pädagogische Umgang mit Menschen mit geistiger Behinderung und sogenannten herausfordernden Verhaltensweisen (HV) diskutiert. So stehen Pädagog*innen in den verschiedenen Bereichen der Arbeit mit Kindern und Jugendlichen mit geistiger Behinderung (z.B. stationäres Wohnen, Schule, Tagesstätte, Therapie) angesichts der teilweise massiv auftretenden Verhaltensweisen vor großen Herausforderungen, die zentralen Zielstellungen der (Sonder-)Pädagogik umzusetzen: Entwicklungspotentiale zu nutzen, Bildung zu ermöglichen, Kompetenzen zu fördern und Selbstbestimmung, Inklusion und Teilhabe zu verwirklichen. Dabei treten bei den in stationären Einrichtungen wohnenden Kindern und Jugendlichen häufiger und ausgeprägter herausfordernde Verhaltensweisen auf, als bei denen, die in der Familie leben (Dworschak & Reiter, 2017, S. 333ff.). Hierbei handelt es sich um Verhaltensweisen, die „als altersunangemessen und normabweichend in einem lebensweltlichen System (z.B. Schule) oder auch mehreren Bereichen (Wohngruppe, Supermarkt) wahrgenommen und beklagt werden" und die „ein Risiko für die Gesundheit der betreffenden Person darstellen sowie ihre und die Sicherheit anderer Menschen gefährden können" (Theunissen, 2016, S. 51). In diesem Zusammenhang ist es wichtig, nicht nur externalisierende Verhaltensweisen (z.B. Aggressionen), sondern auch internalisierende Phänomene zu fokussieren (z.B. depressives, ängstliches, apathisches Verhalten, Rückzugstendenzen) (Theunissen, 2016, S. 59). Heute wird eine personenbezogene Sichtweise, die die Gründe für das gezeigte Verhalten allein der/dem Symptomtragenden zuschreibt, vermieden und herausforderndes Verhalten „als ein individueller Zustand eines tiefgreifenden Missverhältnisses zwischen individuellen Voraussetzungen und Umweltbedingungen als Ergebnis komplexer biologischer und psychosozialer Wechselwirkungen" (Hennicke, 2014, S. 223) verstanden. Zumeist wird von einer multifaktoriellen Verursachung ausgegangen (Sarimski, 2012, S. 39), wobei angenommen wird, „dass das jeweilige

Verhalten für das Kind [...] in seiner jeweiligen sozialen Situation funktional sinnvoll ist, also die ihm jeweils mögliche Umgangsweise mit sozialen Anforderungen darstellt" (Bienstein et al., 2014, S. 79f.). In der Regel geht das Verhalten allerdings mit Leidenserfahrungen und negativen Konsequenzen in Bezug auf Lebensqualität, Gesundheit und Entwicklungsmöglichkeiten einher (Theunissen, 2016, S. 51). Das Verhalten steht also mit Herausforderungen für alle Beteiligten – für das Kind und seine Umwelt – im Zusammenhang. Die Beurteilung des Verhaltens und Erlebens als herausfordernd oder abweichend ist dabei immer auch abhängig von dem jeweiligen Kontext sowie den vorherrschenden Normen und ist somit relativ (Theunissen, 2016, S. 54f.). Dabei muss herausforderndes Verhalten begrifflich von psychischen Störungen bzw. psychiatrischen Störungsbildern abgegrenzt werden, was nicht immer leicht ist.[1]

So kann das gezeigte Verhalten auch als Ausdruck bzw. als Symptom einer psychischen Störung auftreten (Theunissen, 2016, S. 51f.). Treten herausfordernde Verhaltensweisen im Zusammenhang mit psychiatrischen Störungsbildern auf, ist ein interdisziplinäres Vorgehen unter Beteiligung psychiatrischer und psychologischer Unterstützungssysteme besonders angezeigt (Hennicke, 2016, S. 196).

Im Zusammenhang mit dem Umgang mit herausforderndem Verhalten werden in der Fachliteratur klientelzentrierte Maßnahmen (z.B. Erweiterung des Handlungsrepertoires, dialog- und beziehungsorientiertes Vorgehen, gemeinsame Nachbereitung von kritischen Situationen), mitarbeitendenzentrierte Maßnahmen (z.B. Qualifizierung, Weiterbildung, Reflexion) und kontextzentrierte Maßnahmen (z.B. reflektierte Umgebungsgestaltung) unterschieden (Calabrese, 2017, 36ff.).

---

[1] siehe dazu auch Hennicke, 2016, S. 76ff.; Lingg & Theunissen, 2017; Theunissen, 2016, S. 52.

Gemäß einer ökosystemischen Perspektive (Bronfenbrenner, 1981) gilt es, in der pädagogischen Arbeit all diese Aspekte gleichermaßen zu berücksichtigen, um eine positive Persönlichkeitsentwicklung zu ermöglichen (Theunissen, 2001, S. 59).

Im Rahmen der Betreuung und Begleitung dieses Personenkreises kommen in Situationen mit besonderem Gefährdungspotential zur Abwendung von Selbst- oder Fremdgefährdung zum Teil restriktive Maßnahmen, wie zum Beispiel Fixierungen, Zimmereinschlüsse oder sedierende Medikamente, zur Anwendung; im juristischen Kontext ist hier von freiheitsentziehenden Maßnahmen (FeM) (§ 1631b BGB) die Rede.[2] Im Zuge der medialen Berichterstattung über FeM bei Kindern und Jugendlichen mit geistiger Behinderung in stationären Einrichtungen der Behindertenhilfe in Bayern erlangte die Thematik im Jahr 2016 eine größere Aufmerksamkeit. Dabei zeigte sich, dass in der öffentlichen Diskussion oftmals kein differenziertes Bild von dem thematisierten Personenkreis, der pädagogischen Arbeit mit ihm und von den Bedingungen, unter denen FeM angewendet werden, vorherrschte.

Um diesem Umstand zu begegnen, setzte sich dieses Forschungsvorhaben das Ziel, diese Thematik im Rahmen eines partizipativen Forschungsdesigns – also gemeinsam mit kooperierenden Einrichtungen und den dort tätigen Professionellen – zu bearbeiten, um ein differenziertes Verständnis des pädagogischen Handelns und der Anwendung von FeM in den Einrichtungen und somit eine differenzierte Diskussionsgrundlage zu schaffen. Hierfür konnten vier stationäre Einrichtungen aus Bayern, in denen Kinder und Jugendliche mit geistiger Behinderung und herausfordernden Verhaltensweisen wohnen und in denen die Anwendung von FeM eine Rolle spielt, für die Teilnahme an dem Forschungsvorhaben ab Herbst 2017 und mit einer Projektlaufzeit bis einschließlich 2020 gewonnen werden.

[2] Die zentralen zugrundeliegenden Begriffe herausforderndes Verhalten, geistige Behinderung und freiheitsentziehende Maßnahmen wurden von den Autor*innen zudem in einem gesonderten Beitrag thematisiert (Dworschak et al., 2018, S. 163-166).

Bei den kooperierenden Einrichtungen handelt es sich um vier Einrichtungen aus drei bayerischen Regierungsbezirken mit Standort teils im ländlichen, teils im städtischen Raum. Mit einer Bewohner*innenschaft von ca. 20 bis über 100 Kindern und Jugendlichen unterscheiden sich die teilnehmenden Einrichtungen in Bezug auf die Größe des Kinder- und Jugendwohnbereichs in hohem Maße. Bei den vier Einrichtungen handelt es sich um ausgewiesene Einrichtungen mit langjähriger Erfahrung für die Begleitung des beschriebenen Personenkreises. Grundsätzlich scheint die Zahl der Einrichtungen, die sich mit dem beschriebenen Personenkreis befassen, im Freistaat Bayern wie in der gesamten Bundesrepublik Deutschland eher gering zu sein. Es kann daher von einem guten und repräsentativen Zugang zu dem beforschten Phänomen – der intensivpädagogischen Arbeit mit dem spezifischen Personenkreis – gesprochen werden.

Ziel war es, pädagogische Arbeits- und Reflexionsprozesse im Zusammenhang mit herausforderndem Verhalten, FeM und dem Versuch ihrer Reduzierung oder Vermeidung systematisch zu begleiten und methodisch kontrolliert zu dokumentieren. Um den Bedarfen und den pädagogischen Handlungsproblemen der professionellen Akteur*innen und der Natur des Phänomens gerecht werden zu können, wurden die Fragestellungen und das Forschungsdesign in Absprache und unter Beteiligung der kooperierenden Einrichtungen entwickelt; zudem fand zu diesen Zwecken insbesondere zu Beginn des Projektzeitraums eine starke Betonung von explorativen Forschungsmethoden statt (z.B. durch Aufenthalte in den Einrichtungen, durch offene und informelle Gespräche mit Professionellen).

Der Untersuchungsfokus wurde einer ökosystemischen Perspektive entsprechend im Hinblick auf die gezeigten herausfordernden Verhaltensweisen und die damit verbundenen Maßnahmen nicht nur auf das einzelne Kind gerichtet, sondern auch auf die Kontextfaktoren und die verschiedenen beteiligten professionellen Systeme und Akteur*innen.

Zusammenfassend konnten die folgenden übergeordneten Ziel- bzw. Fragestellungen für das Forschungsvorhaben formuliert werden:

Ziel war es, die pädagogische Situation und Arbeit in intensiv betreuten Wohngruppen mit Kindern und Jugendlichen mit geistiger Behinderung und herausforderndem Verhalten über einen längeren Zeitraum kontinuierlich wissenschaftlich zu begleiten, ...

- um den Personenkreis differenziert zu beschreiben.
- um pädagogisches Handeln und pädagogische Prozesse im Kontext herausfordernden Verhaltens zu beschreiben.
- um den Umgang der Einrichtungen mit freiheitsentziehenden Maßnahmen (FeM) zu beschreiben und Bestrebungen der Einrichtungen nachzuzeichnen, FeM zu reduzieren und Alternativen zu FeM zu entwickeln.

Im anschließenden Abschnitt 2 werden die Ziel- und Fragestellungen weiter ausdifferenziert und das forschungsmethodische Vorgehen beschrieben. In Abschnitt 3 und 4 werden die Ergebnisse des Forschungsvorhabens präsentiert. In Abschnitt 3 erfolgt eine quantitative Beschreibung der Ausgangsbedingungen, Kompetenzen und Unterstützungsbedarfe der in den stationären Wohneinrichtungen lebenden Kinder und Jugendlichen auf Grundlage standardisierter Instrumente. Beruhend auf einem qualitativen forschungsmethodischen Zugang werden in Abschnitt 4 der Personenkreis und das professionelle Handeln der Mitarbeitenden anhand acht ausgewählter Einzelfälle und auf der Grundlage qualitativer – also verbaler – Daten beschrieben, um auf diese Weise der Komplexität der Betreuungskonstellationen gerecht werden zu können. Die Veröffentlichung schließt mit der Beantwortung der Forschungsfragen und der Diskussion der Ergebnisse, wobei Implikationen für die Praxis pädagogischen Handelns herausgearbeitet werden. Zudem werden Stärken und Schwächen der Studie diskutiert und Aussagen zu Forschungsdesideraten gemacht.

2 Forschungsmethodisches Vorgehen

Um dem Anspruch einer wissenschaftlichen Begleitung mit dem Ziel praxisrelevanter, anwendungsorientierter Ergebnisse gerecht werden zu können, wurde als Studiendesign ein partizipativ ausgerichteter Ansatz der Praxisforschung gewählt. Dies meint Untersuchungen beruflichen Handelns, welche in Kooperation mit professionellen Akteur*innen erfolgen (von Unger, 2014, S. 22f.). Im Mittelpunkt standen somit Fragestellungen der beruflichen Praxis und des professionellen Handelns der Mitarbeitenden in den Einrichtungen. Vertreter*innen der Einrichtungen waren sowohl an der Erarbeitung der Fragestellungen als auch an forschungsmethodischen Überlegungen während des gesamten Projektverlaufs beteiligt. Im Folgenden sind die forschungsleitenden Themen und Fragestellungen der wissenschaftlichen Begleitung aufgelistet. Diese Themen und Fragestellungen wurden gemeinsam mit den Kooperationspartner*innen erarbeitet und im Verlauf des Forschungsprozesses gegenstandsangemessen durch das Forschungsteam ausdifferenziert und weiterentwickelt:

- Beschreibung individueller Bedingungen der Kinder und Jugendlichen
- Beschreibung herausfordernder Verhaltensweisen
- Erfassung bedingender Faktoren von herausforderndem Verhalten (aus der Sicht von Mitarbeitenden)
- Erfassung kontextbezogener Funktionen von herausforderndem Verhalten (aus der Sicht von Mitarbeitenden)
- Beschreibung der Folgen herausfordernden Verhaltens für die Kinder und Jugendlichen
- Welche Handlungsoptionen im Kontext herausfordernden Verhaltens gibt es?
- Unter welchen Bedingungen werden freiheitsentziehende Maßnahmen angewendet?
- Wie können freiheitsentziehende Maßnahmen vermieden werden? Können Alternativen entwickelt werden?

- Welche Bedeutung hat die Gabe von Psychopharmaka bei der Arbeit mit dem Personenkreis?
- Welche förderlichen und hinderlichen Kontextbedingungen für das professionelle Handeln können identifiziert werden?
- Welche Bedeutung haben (interdisziplinäre) Kooperationsstrukturen und -partner*innen für den pädagogischen Prozess?

Aufgrund der Heterogenität des intensiv betreuten Personenkreises wurden die Fragestellungen größtenteils anhand von Einzelfallstudien – also am Beispiel von einzelnen Kindern und Jugendlichen – bearbeitet.[3] In den Sozialwissenschaften handelt es sich bei Einzelfallstudien um einen „prototypischen Approach qualitativer Sozialforschung" (Lamnek & Krell, 2016, S. 311); „Einzelfall" bzw. „Fall" kann sich hierbei zum Beispiel auf Personen, Gruppen, Organisationen oder Interventionen beziehen. Gemäß dem qualitativen Paradigma ist es das Ziel, eine Vielzahl an Faktoren des untersuchten Phänomens zu berücksichtigen (Lamnek & Krell, 2016, S. 285ff.), wofür unterschiedliche Methoden zur Anwendung kommen können (Multiple Method bzw. Triangulation). Die Einzelfallstudien in dieser Untersuchung erfolgten anhand von acht Kindern bzw. Jugendlichen (zwei je kooperierende Einrichtung). Es erfolgte eine gezielte Stichprobenziehung (Lamnek & Krell, 2016, S. 249). Um der Variation des Untersuchungsgegenstandes gerecht zu werden, wurde die Fallauswahl durch das Prinzip der maximalen Kontrastierung in Bezug auf die Variablen Alter, Geschlecht, Art des herausfordernden Verhaltens, Art der angewendeten FeM, Diagnosen, Grad der Intelligenzminderung und kommunikative Kompetenzen geleitet. In Bezug auf herausfordernde Verhaltensweisen liegt der Fokus auf externalisierenden Phänomenen (z.B. Aggressionen), da internalisierende Verhaltensauffälligkeiten (z.B. depressives, apathisches

---

[3] Lediglich die Beschreibung der Ausgangsbedingungen, Kompetenzen und Unterstützungsbedarfe auf Grundlage quantitativer Daten in Abschnitt 3 bezieht sich nicht auf die ausgewählten Einzelfälle, sondern auf die gesamte Bewohner*innenschaft der kooperierenden Einrichtungen im Kinder- und Jugendbereich. Drei der vier kooperierenden Einrichtungen nahmen am quantitativen Teil der Studie teil.

Verhalten) im Hinblick auf FeM eine vergleichsweise geringe Bedeutung zu haben scheinen.

Gemäß einem ökosystemischen Verständnis von Entwicklung (Bronfenbrenner, 1981) wurden die Perspektiven und Einflüsse aller professionellen Akteure, die wesentlich, direkt oder mittelbar am Betreuungsprozess beteiligt waren, bei der Erhebung bestmöglich berücksichtigt.

2.1 Erhebungsmethoden

Einzelfallstudien sind „prinzipiell offen für alle Methoden und Techniken der empirischen Sozialforschung" (Lamnek & Krell, 2016, S. 288). Vor allem zu Beginn des Forschungsprozesses wurden zu explorativen Zwecken Erhebungsmethoden mit einem hohen Grad der Offenheit eingesetzt. Mit fortschreitendem Verlauf wurden zunehmend Methoden mit engerem Fokus angewendet, wobei gemäß dem Prinzip der Offenheit auch hier versucht wurde, den Interviewten Raum für ihre Wirklichkeitskonzeptionen zu geben (Lamnek & Krell, 2016, S. 242). Im Verlauf des Forschungsprozesses wurden kontinuierlich gegenstandsangemessene Anpassungen des Studiendesigns und der einzelnen Methoden vorgenommen. Auf die gewählten Erhebungsmethoden wird im Folgenden näher eingegangen.

Feldaufenthalte

Zu Beginn des Forschungsprozesses fanden mehrtägige Feldaufenthalte auf den Wohngruppen der ausgewählten Fälle statt, um einen ersten explorativen Einblick in das Forschungsfeld zu erhalten. Es handelte sich um systematische, weitestgehend unstrukturierte Beobachtungen natürlicher Situationen, wobei der Grad der Beteiligung der Forschenden möglichst gering war (Lamnek & Krell, 2016, S. 523ff.). Die Mitarbeitenden der Wohngruppen waren über den Zweck der Beobachtungen vorab informiert worden. Darüber hinaus wurden die Feldaufenthalte im Sinne des partizipativen Forschungsstils dazu genutzt, die Mitarbeitenden bestmöglich zu informieren, Raum für einen ersten Austausch zu schaffen und eine vertrauensvolle Basis für weitere Erhebungen aufzubauen (von Unger, 2014, S. 51ff.).

Dokumentenanalyse

Ebenfalls zu explorativen Zwecken wurde das Dokumentationswesen der Einrichtungen im Hinblick auf biographische Daten und Informationen von kooperierenden Akteur*innen ergänzend hinzugezogen (bspw. Arztbriefe).

(Halb-)Standardisierte Instrumente

In Bezug auf die acht Einzelfälle fand zu explorativen Zwecken eine funktionale Verhaltensanalyse mit Hilfe halbstandardisierter Fragebögen statt (Sarimski & Steinhausen, 2007, S. 169ff.). Zusätzlich zu den Einzelfallstudien wurden außerdem zur Beschreibung der gesamten Bewohner*innenschaft der kooperierenden Einrichtungen anhand eines standardisierten Fragebogens Daten zu den spezifischen Ausgangsbedingungen, Kompetenzen und Unterstützungsbedarfen aller Kinder und Jugendlichen, die zum Zeitpunkt der Erhebung in den Einrichtungen lebten (Oktober 2019), erhoben (N = 129) (siehe Abschnitt 3).

Gruppendiskussionen

Gemäß dem bereits erwähnten ökosystemischen Verständnis von Entwicklung und pädagogischer Arbeit (Bronfenbrenner, 1981) wurden Gruppendiskussionen mit Mitarbeitenden auf Gruppen- und Leitungsebene durchgeführt. Je ausgewähltem Einzelfall fand eine interdisziplinäre Gruppendiskussion mit Mitarbeitenden, die mit den jeweiligen Einzelfällen pädagogisch tätig sind, statt (N = 8). Die gebildeten Gruppen setzten sich in der Regel aus drei bis fünf Wohngruppenmitarbeitenden, dem psychologischen oder pädagogischen Fachdienst und zwei bis drei Mitarbeitenden aus dem Schulbereich der Einrichtung zusammen. Ausgehend von der Identifizierung und Beschreibung typischer herausfordernder Situationen in der Arbeit mit dem jeweiligen Einzelfall mit Hilfe der Critical Incident Technique (Flanagan, 1954; Butterfield, Borgen, Amundson & Maglio, 2005) wurde eine besonders bedeutende Situation ausgewählt und in der Folge ausführlicher diskutiert. Dabei standen vermutete Ursachen für die Genese der Situation, Funktionen des herausfordernden Verhaltens, Umgangsmöglichkeiten und pädagogische

Ziele für die Arbeit mit dem Einzelfall im Mittelpunkt. Zuletzt wurden Herausforderungen und (un)günstige Rahmenbedingungen in Bezug auf die Arbeit mit dem Personenkreis erörtert. Zudem wurde je kooperierende Einrichtung eine Gruppendiskussion mit der Leitungsebene durchgeführt (N = 4). Das Erkenntnisinteresse lag hier auf Herausforderungen in der konzeptionellen Arbeit mit dem Personenkreis. Beteiligt wurden je nach Organisationsstruktur zum Beispiel Geschäftsführungen, Bereichsleitungen, Gebäudemanagement, Fachdienste und Schulleitungen.

Begleitende Interviews

Nach der explorativen Phase zu Beginn des Forschungsprozesses wurde auf Grundlage der bisher gewonnenen Erkenntnisse die intensivpädagogische Arbeit zunehmend vertiefter untersucht. Ziel war es, etwaige Veränderungen im Verhalten und Erleben der Kinder und Jugendlichen in Beziehung zu vermuteten Bedingungsfaktoren und zu Weiterentwicklungen des individuellen Betreuungskonzepts zu erfassen. Dabei galt es, auch den Einfluss interdisziplinärer Kooperations-partner*innen zu berücksichtigen. Zu diesem Zweck wurden über einen Zeitraum von eineinhalb Jahren mehrere problemzentrierte Interviews (Witzel, 2000) mit einer Dauer von 30 bis 90 Minuten mit Bezugspersonen der ausgewählten Einzelfälle durchgeführt. Insgesamt wurden 34 Interviews über die Betreuungssituation der acht Einzelfälle geführt.

Forschungsfragen und Methoden

Wie bereits beschrieben wurde besonders zu Beginn des Forschungsprozesses ein offener und explorativer Forschungsstil gewählt. Im Verlauf dieses Prozesses konnten die übergeordneten Ziel- und Fragestellungen (siehe Abschnitt 1) weiter ausdifferenziert werden. Diese präzisierenden, forschungsleitenden Themen und Fragestellungen sind mit ihrer Zuordnung zu den übergeordneten Fragestellungen in Abbildung 1 dargestellt.

In Abbildung 2 sind die zur Beantwortung dieser Fragestellungen eingesetzten Methoden graphisch dargestellt. Dabei werden die Methoden den übergeordneten Forschungsfragen zugeordnet.

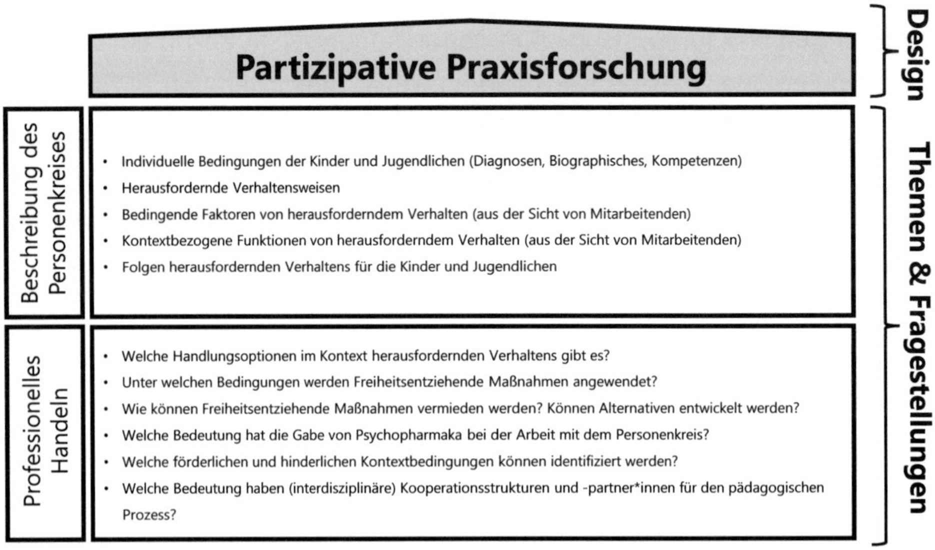

Abbildung 1. Forschungsleitende Themen und Fragestellungen

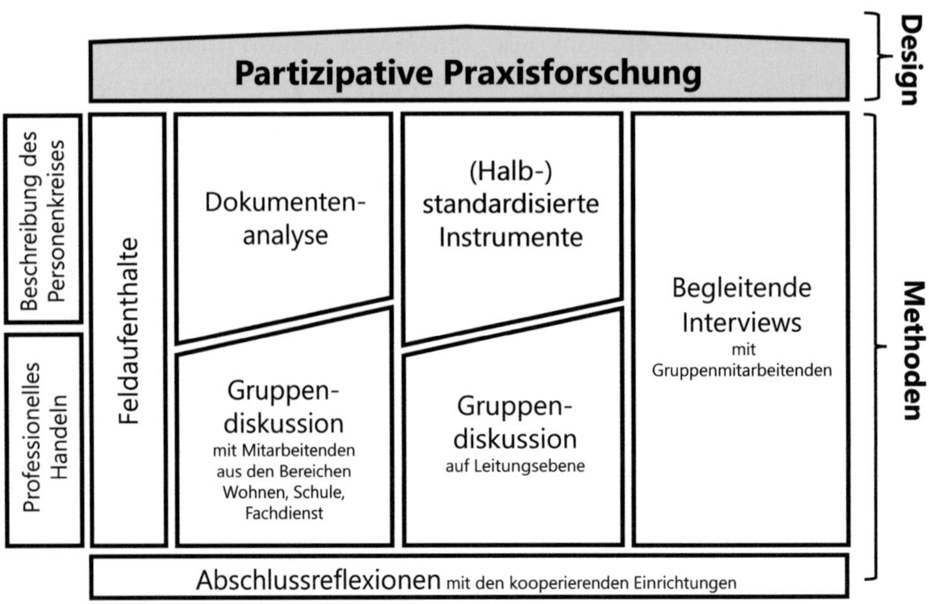

Abbildung 2. Erhebungsmethoden

Abschlussreflexionen mit den kooperierenden Einrichtungen

Gegen Ende der Projektlaufzeit fand außerdem je kooperierende Einrichtung ein Treffen mit den am Forschungsprozess beteiligten Akteur*innen statt.[4] Gemäß dem partizipativen und anwendungsorientierten Anspruch der wissenschaftlichen Begleitung ging es darum, die Kooperationspartner*innen auch in dieser Phase des Forschungsprozesses einzubeziehen. Hierbei wurden keine neuen Daten erhoben. Im Rahmen dieser Treffen wurden finale Ergebnisse und der Forschungsprozess gemeinsam reflektiert.

2.2 Auswertungsmethoden

Im Rahmen der unter 2.1 beschriebenen Methoden wurden größtenteils qualitative bzw. verbale Daten generiert. Ziel der Auswertung dieser Daten war „nicht die Rekonstruktion individueller Handlungsfiguren, sondern letztlich das Herausarbeiten typischer Handlungsmuster" (Lamnek & Krell, 2016, S. 298). Es geht also nicht darum, lediglich Einzelfälle darzustellen; vielmehr soll zu generalisierenden Aussagen gelangt werden, indem wesentliche typische Vorgänge und allgemeine Regelmäßigkeiten herausgearbeitet werden (Lamnek & Krell, 2016, S. 297f.). Die Identifizierung dieses Typischen kann durch die Kontrastierung von Einzelfällen erfolgen. Für die Auswertung dieser verbalen Daten fand eine Orientierung an der inhaltlich-strukturierenden Variante der qualitativen Inhaltsanalyse nach Kuckartz (2018, S. 97ff.) und der komparativen Kasuistik nach Jüttemann (1990a, 2009) – eine Auswertungsstrategie aus dem Kontext entwicklungsspezifischer Fragestellungen – statt. Bei Kuckartz finden sich in Form eines mehrphasigen Ablaufschemas Vorschläge für eine regelgeleitete Auswertung. Nach Phasen einer deduktiv-induktiven Mischform der Kategorienbildung (Kuckartz, 2018, S. 95f.) werden den gebildeten Kategorien zum Zweck der Ordnung des Materials Text- bzw. Interviewstellen zugeordnet (Kuckartz, 2018, S. 100ff.). Im späteren Stadium

---

[4] Aufgrund der Infektionszahlen im Herbst 2020 im Zusammenhang mit der COVID-19-Pandemie fanden die Abschlusstreffen anders als geplant in Form von Videokonferenzen statt.

des Auswertungsprozesses fand zunehmend eine Orientierung an der komparativen Kasuistik von Jüttemann (1990a) statt, um mittels Kontrastierung von Einzelfällen und gefundenen Übereinstimmungen zu Generalisierungen zu gelangen. Dies betrifft neben dem Schritt der Einzelfallauswertung insbesondere die interindividuelle Komparation (Jüttemann, 1990b, S. 38ff.). Um die Qualität der Auswertung zu verbessern, fand diese im Team statt. Teile des Textmaterials wurden von mehreren Forschenden unabhängig voneinander ausgewertet, woraufhin Übereinstimmungen und Unterschiede diskutiert wurden (konsensuelles Kodieren) (Kuckartz, 2018, S. 105). Die Auswertung erfolgte computergestützt mit der Analysesoftware MAXQDA 2018. Die Fragebögen zu den spezifischen Ausgangs- und Unterstützungsbedingungen der Kinder und Jugendlichen wurden ebenfalls computergestützt mit der Analysesoftware SPSS 26 ausgewertet.

3 Ergebnisse (quantitativ) – Ausgangsbedingungen, Kompetenzen und Unterstützungsbedarfe von Kindern und Jugendlichen mit geistiger Behinderung in stationären Wohneinrichtungen

Neben den qualitativen Einzelfallstudien wurde im Rahmen dieses Forschungsvorhabens eine quantitative Fragebogenerhebung in drei der teilnehmenden Einrichtungen durchgeführt. Ziel der Untersuchung war die Beschreibung der Ausgangsbedingungen, Kompetenzen und Unterstützungsbedarfe der Kinder und Jugendlichen im stationären Wohnen. Dabei nahm die Identifikation von Kindern und Jugendlichen mit intensivpädagogischem Betreuungsbedarf und der Vergleich zur Grundgesamtheit der Kinder und Jugendlichen mit geistiger Behinderung in Bayern einen besonderen Stellenwert ein. Einen Vergleich zur Grundgesamtheit ermöglichen Daten der SFGE-Studien, zweier repräsentativer Eltern- und Lehrkräftestudien zur Beschreibung der Schülerschaft im Förderschwerpunkt geistige Entwicklung aus den Jahren 2010 und 2019 (Dworschak, Kannewischer, Ratz & Wagner, 2012; Baumann et al., 2021).

Um einen breiten Überblick über die Ausgangsbedingungen, Kompetenzen und Unterstützungsbedarfe der Kinder und Jugendlichen in den drei Kooperationseinrichtungen zu erhalten, wurde der Fragebogen der SFGE II-Studie (Baumann et al., 2021) adaptiert. Neben soziobiographischen Aspekten wurden die Themen Schwerbehinderung, Pflegebedarf, Intelligenzminderung sowie Sprache und Kommunikation berücksichtigt. Zudem konnte der Aspekt herausforderndes Verhalten mit vorliegenden Daten aus den Einrichtungen analysiert werden.

Insgesamt konnten 129 der 186 im Oktober 2019 in den Einrichtungen lebenden Kinder und Jugendlichen in die Erhebung einbezogen werden, was einer Rücklaufquote von 69,4 % entspricht. Die überwiegend standardisierten Fragen wurden durch die Gruppenmitarbeitenden und zum Teil von den Fachdiensten der Einrichtungen beantwortet.

3.1 Beschreibung der Stichprobe

Die 129 Kinder und Jugendlichen leben in 30 Wohngruppen, deren Größe zwischen vier und zwölf Plätzen variiert. Bei 62 % der Kinder und Jugendlichen liegt ein intensivpädagogischer Betreuungsbedarf (*ipB*) vor (vgl. Tab. 1). Dieser wurde von den jeweiligen pädagogischen bzw. psychologischen Fachdiensten der Einrichtungen in Orientierung an den Heimrichtlinien (StMAS, 2017, Abschn. 2.2.2) nach den folgenden Kriterien eingeschätzt:

- Zusätzliche tiefgreifende Entwicklungsstörung
- Psychiatrisches Störungsbild
- Massives herausforderndes Verhalten
- Hohes Schutzbedürfnis vor Selbst- bzw. Fremdgefährdung
- Individuelle Leistungsvereinbarung, hoher Personalaufwand
- Soziobiographische Gründe

Um eine möglichst einheitliche Einschätzung zu erhalten, wurde diese Frage ausschließlich von den jeweiligen pädagogischen oder psychologischen Fachdiensten der Einrichtungen beantwortet.

Das Geschlechterverhältnis ist mit 67,7 % männlich und 32,3 % weiblich deutlich ungleich verteilt. Auffallend ist, dass sich diese Ungleichverteilung in der Gruppe mit *ipB* nochmals verstärkt. Hier sind fast drei Viertel der Kinder und Jugendlichen männlich. In der Gruppe ohne intensivpädagogischen Betreuungsbedarf (*kipB*) liegt der Anteil nur bei knapp 60 %. Das ungleiche Geschlechterverhältnis findet sich – wenngleich nicht ganz so ausgeprägt – auch in der Grundgesamtheit der Kinder und Jugendlichen mit geistiger Behinderung in Bayern. So weist die SFGE II-Studie einen Anteil von 59 % als männlich und von 41 % als weiblich aus (Baumann et al., 2021).

Die jüngsten Bewohner*innen sind 4, die ältesten 23 Jahre alt. Das durchschnittliche Alter beträgt 15,5 Jahre. Im Mittel leben die Bewohner*innen seit 4,4 Jahren in der Einrichtung.

Tabelle 1: Beschreibung der Stichprobe

Beschreibung der Stichprobe	**Heimbewohner*innen**			
Intensivpädagogischer Betreuungsbedarf (*N* = 129)	*n*		%	
kipB	49		38	
ipB	80		62	
Geschlecht (*n* = 124)	männlich (%)		weiblich (%)	
kipB (*n* = 44)	59,1		40,9	
ipB (*n* = 80)	72,5		27,5	
Gesamt	67,7		32,3	
Alter (*n* = 124)	min	max	*M*	*s*
Alter	4	23	15,5	3,5
Aufenthaltsdauer in Jahren (*n* = 128)	min	max	*M*	*s*
Aufenthaltsdauer	<1	16	4,4	3,6

kipB: kein intensivpädagogischer Betreuungsbedarf
ipB: intensivpädagogischer Betreuungsbedarf

3.2 Behinderung und Pflegebedarf

Nahezu alle Kinder und Jugendlichen sind im Besitz eines Schwerbehindertenausweises (98,3 %). Über die Hälfte hat einen Grad der Behinderung (*GdB*) von „100", weitere knapp 30 % haben einen *GdB* von „80" (vgl. Tab. 2). Während in der Gruppe *kipB* knapp 10 % einen *GdB* von „50" aufweisen, findet sich in der Gruppe *ipB* niemand mit einem *GdB* von „50". Im Vergleich der Gruppen mit und ohne intensivpädagogischen Betreuungsbedarf fällt auf, dass die Gruppe *ipB* häufiger einen *GdB* von „100" aufweist.

Betrachtet man die ausgewiesenen Beeinträchtigungen im Schwerbehindertenausweis, haben nahezu alle Kinder und Jugendlichen das Merkzeichen „H" („Hilflosigkeit") (95,7 %) und „G" („erhebliche Gehbehinderung", „Beeinträchtigung der Bewegungsfähigkeit") (89,7 %). Bei knapp 60 % liegt das Merkzeichen „B" („Begleitung") vor. Das Merkzeichen „aG" („außergewöhnliche Gehbehinderung") findet sich bei 9,4 % der Kinder und Jugendlichen. Nur sehr selten sind die Merkzeichen „Bl" („Blindheit") mit 0,9 % und „Gl" („Gehörlosigkeit") mit 3,4 % vergeben. Kein*e Bewohner*in hat das Merkzeichen „TBl" („Taubblindheit"). Die Kinder und Jugendlichen mit und ohne intensivpädagogischen Betreuungsbedarf unterscheiden sich hinsichtlich des Kriteriums Merkzeichen kaum.

Die Ergebnisse zu Schwerbehinderung bzw. Grad der Behinderung und Merkzeichen sind in weiten Teilen mit denen der Grundgesamtheit vergleichbar. Fasst man die Merkzeichen „G" und „aG" zusammen, sind die Befunde nahezu identisch. Auch die Häufigkeit des Merkzeichens „B" ist in etwa gleich ausgeprägt. In der SFGE II-Studie fallen lediglich um etwa 10 % niedriger liegende Ergebnisse bei dem Merkzeichen „H" auf (Baumann et al., 2021).

Bei 77 % der Bewohner*innen liegt ein amtlich anerkannter Pflegebedarf vor. Innerhalb dieser Gruppe kommt der Pflegegrad „3" mit knapp 30 % am häufigsten vor, gefolgt von den Pflegegraden „2" mit knapp 24 % und „4" mit gut 21 % (vgl. Tabelle 2). Den höchsten Pflegegrad „5" haben knapp 17 %, den niedrigsten „1" 9 % der Bewohner*innen mit amtlich anerkanntem Pflegebedarf. Vergleicht man innerhalb der Gruppe mit amtlich anerkanntem Pflegebedarf die Bewohner*innen mit und ohne intensivpädagogischem Betreuungsbedarf, so fällt auf, dass knapp 45 % der Gruppe *ipB* den Pflegegrad „4" und „5" haben; in der Vergleichsgruppe *kipB* sind es nur knapp 30 %.

Die Ergebnisse der Bewohner*innen zu den Pflegegraden sind in weiten Teilen mit den Ergebnissen der Grundgesamtheit in Bayern vergleichbar. In der Grundgesamtheit haben allerdings mit 68,5 % (Baumann et al., 2021) etwas weniger Kinder und Jugendliche einen amtlich anerkannten Pflegebedarf als in der Stichprobe der vorliegenden Studie (77 %).

Tabelle 2: Ergebnisse aus dem Bereich Behinderung und Pflegebedarf

Grad der Behinderung (Häufigkeitsangaben in %)						
Grad der Behinderung	50	60	70	80	90	100
kipB (*n* = 43)	9,3	0	7	34,9	2,3	46,5
ipB (*n* = 76)	0	2,6	5,3	26,3	5,3	60,5
Gesamt (*n* = 119)	3,4	1,7	5,9	29,3	4,2	55,5
SFGE II-Eltern (*n* = 770)	3,9	1	6,2	34,3	3,4	51,2

Merkzeichen im Schwerbehindertenausweis (Häufigkeitsangaben in %) (Mehrfachnennungen möglich)						
Merkzeichen	G	aG	H	Bl	Gl	B
Gesamt (*n* = 117)	89,7	9,4	95,7	0,9	3,4	59,8
SFGE II-Eltern (*n* = 738)	80,2	18,7	83,9	3,1	0,9	56,2

Pflegegrad (Häufigkeitsangaben in %)					
Pflegegrad	1	2	3	4	5
kipB (*n* = 35)	17,1	14,3	40	17,1	11,4
ipB (*n* = 54)	3,7	29,6	22,2	24,1	20,4
Gesamt (*n* = 89)	9	23,6	29,2	21,3	16,9
SFGE II-Eltern (*n* = 662)	4,5	20,7	32,6	24,2	18,0

Grad der Intelligenzminderung (Häufigkeitsangaben in %)					
Intelligenzminderung	keine	leichte	mittel-gradige	schwere	schwerste
kipB (*n* = 44)	20,5	47,7	20,5	4,5	6,8
ipB (*n* = 62)	6,5	40,3	24,2	22,6	6,5
Gesamt (*n* = 106)	12,3	43,4	22,6	15,1	6,6
SFGE II-Lehrkräfte (*n* = 874)	5,9	56,2	23,1	8,6	6,2

kipB: kein intensivpädagogischer Betreuungsbedarf
ipB: intensivpädagogischer Betreuungsbedarf

Im Hinblick auf den Aspekt Intelligenzminderung, der in Orientierung an die ICD-10 (DIMDI, 2019) erhoben wurde, zeigen sich folgende Ergebnisse: Rund 43 % der Bewohner*innen haben nach Einschätzung der Mitarbeitenden eine „leichte" Intelligenzminderung, gefolgt von jeweils rund 22 % mit einer „mittelgradigen" bzw. einer „schweren"/„schwersten" Intelligenzminderung. 12,3 % der Bewohner*innen haben nach Einschätzung der Mitarbeitenden „keine" Intelligenzminderung nach den Vorgaben der ICD-10.

Vergleicht man wiederum die Gruppen *ipB* und *kipB*, so fällt auf, dass in der Gruppe *ipB* der Anteil der Kinder und Jugendlichen mit „schwerer"/„schwerster Intelligenzminderung" mit knapp 30 % deutlich höher ist als in der Vergleichsgruppe *kipB* (rund 11 %).

Der Anteil der Bewohner*innen ohne Intelligenzminderung ist in der Gruppe *kipB* dagegen mit rund 20 % deutlich höher als in der Gruppe *ipB* (6,5 %).

Ein Vergleich mit den Ergebnissen der SFGE Ⅱ-Studie macht deutlich, dass in der Grundgesamtheit der Anteil der Kinder und Jugendlichen mit „leichter" Intelligenzminderung nach Einschätzung der Lehrkräfte höher (56,2 %) und der Anteil mit „schwerer"/„schwerster" Intelligenzminderung mit 14,8 % deutlich niedriger ausgeprägt ist (Baumann et al., 2021).

3.3 Sprache und Kommunikation

Nach Einschätzungen der Mitarbeitenden versteht über die Hälfte der Kinder und Jugendlichen „komplexe Sätze und Anweisungen" (vgl. Tab. 3). Weitere knapp 40 % verstehen „Wörter, einfache Sätze und Anweisungen". Bei gut 7 % der Bewohner*innen ist das Sprachverständnis „nicht einschätzbar". Betrachtet man die Kinder und Jugendlichen mit intensivpädagogischem Betreuungsbedarf (*ipB*), dann fällt auf, dass hier der Anteil der Kinder und Jugendlichen, die „komplexe Sätze und Anweisungen" verstehen, geringer ist. In Bezug auf die Anteile der Kinder und Jugendlichen, deren Sprachverständnis „nicht einschätzbar" ist, bestehen zwischen den Gruppen *ipB* und *kipB* kaum Unterschiede.

Die Ergebnisse sind mit den Daten aus der SFGE II-Studie weitgehend vergleichbar (Baumann et al., 2021).

Tabelle 3: Ergebnisse im Bereich Sprache und Kommunikation

Sprachverständnis (Häufigkeitsangaben in %)			
Sprachverständnis	nicht einschätzbar	versteht Wörter, einfache Sätze und Anweisungen	versteht komplexe Sätze und Anweisungen
kipB (*n* = 48)	8,3	27,1	64,6
ipB (*n* = 77)	6,5	46,8	46,8
Gesamt (*n* = 125)	7,2	39,2	53,6
SFGE II-Lehrkräfte (*n* = 967)	7,5	31,3	61,2

Sprachproduktion (Häufigkeitsangaben in %)				
Sprachproduktion	spricht nicht	mit Artikulationsstörung, für Fremde unverständlich	mit Artikulationsstörung, für Fremde verständlich	spricht ohne Artikulationsstörung
kipB (*n* = 48)	20,8	20,8	18,8	39,6
ipB (*n* = 80)	36,3	18,8	25	20
Gesamt (*n* = 128)	30,5	19,5	22,7	27,3
SFGE II-Lehrkräfte (*n* = 987)	19,9	17,5	28,6	34

kipB: kein intensivpädagogischer Betreuungsbedarf
ipB: intensivpädagogischer Betreuungsbedarf

Betrachtet man die Sprachproduktion, dann wird ersichtlich, dass je rund 30 % der Kinder und Jugendlichen entweder nicht („spricht nicht") oder aber völlig unauffällig sprechen („spricht ohne Artikulationsstörung") (vgl. Tab. 3). Rund 42 % der Kinder und Jugendlichen sprechen mit Artikulationsstörung. Im Vergleich der beiden Gruppen *ipB* und *kipB* fällt auf, dass der Anteil der nicht sprechenden Kinder und Jugendlichen in der Gruppe *ipB* mit gut 36 %

deutlich höher liegt als in der Vergleichsgruppe (knapp 21 %); zudem ist der Anteil der Kinder und Jugendlichen ohne Artikulationsstörungen in der Gruppe *ipB* mit 20 % halb so groß wie in der Gruppe *kipB* (knapp 40 %). Im Vergleich zu den Ergebnissen der SFGE II-Studie wird deutlich, dass der Prozentsatz der nicht sprechenden Kinder und Jugendlichen im stationären Wohnen deutlich erhöht ist (30,5 % vs. 19,9 %). In der Grundgesamtheit liegt der Anteil der Kinder und Jugendlichen, die für Fremde verständlich bzw. ohne Artikulationsstörung sprechen, mit 62,6 % deutlich höher als in der Stichprobe im stationären Wohnen, wo der Anteil bei 50 % liegt (Baumann et al., 2021).

3.4 Herausforderndes Verhalten

Im Folgenden wird schließlich auf den Aspekt des herausfordernden Verhaltens eingegangen. Zu diesem Aspekt lagen bei den Einrichtungen Daten zum Verhaltensfragebogen bei Entwicklungsstörungen (VFE) von Einfeld, Tonge und Steinhausen (2007) vor, die in die Analyse einbezogen werden konnten. Der VFE stellt eine Möglichkeit zur Erfassung eines breiten Spektrums an Problemen des Verhaltens und der Emotionen dar. Anhand von 96 einzelnen Verhaltensmerkmalen wird das Verhalten der Kinder und Jugendlichen auf einer dreistufigen Ordinalskala (0-1-2) hinsichtlich seiner Intensität und Häufigkeit in den letzten zwei Monaten eingeschätzt. Als Gesamtindikator für den Schweregrad der Probleme des Verhaltens und der Emotionen wird ein sogenannter Gesamtverhaltensproblemwert (*GVPW*) definiert, der sich als Summenscore aller Werte errechnet. Im Hinblick auf den *GVPW* führt der VFE einen Trennwert von 44 ein. Ein Überschreiten des Trennwertes deutet dabei auf ausgeprägte Probleme des Verhaltens und der Emotionen hin (Einfeld et al., 2007, S. 47).

Die Bewohner*innen erreichen einen durchschnittlichen *GVPW* von 53,4 (vgl. Tab. 4). Der niedrigste *GVPW* liegt bei 6, der höchste bei 148. Die Standardabweichung (s) von 27,7 macht dabei deutlich, dass die Werte sehr stark streuen. Vergleicht man nun die Gruppen *ipB* und *kipB*, dann wird ersichtlich, dass der *GVPW* in der Gruppe *ipB* mit knapp 67 fast doppelt so hoch ist wie in der Gruppe *kipB* (35,5).

Tabelle 4: Angaben zum Gesamtverhaltensproblemwert (*GVPW*)

Gesamtverhaltensproblemwert (*GVPW*)					
Verhaltenswert	min	max	*M*	*s*	*Median*
kipB (*n* = 37)	6	99	35,5	21,5	32
ipB (*n* = 49)	18	148	66,9	24,2	65
Gesamt (*n* = 86)	6	148	53,4	27,7	49,5

kipB: kein intensivpädagogischer Betreuungsbedarf
ipB: intensivpädagogischer Betreuungsbedarf

Betrachtet man nun die Ergebnisse nach dem Trennwert, so zeigt sich, dass gut 40 % der Kinder und Jugendlichen unterhalb des Trennwerts und knapp 60 % oberhalb des Trennwerts liegen (vgl. Abb. 3). Bei knapp 60 % der Kinder und Jugendlichen kann also von ausgeprägten Problemen im Verhalten und Erleben ausgegangen werden. In der Gruppe der Kinder und Jugendlichen mit intensivpädagogischem Betreuungsbedarf (*ipB*) liegen über 85 % der Bewohner*innen oberhalb des Trennwertes; in der Vergleichsgruppe *kipB* sind es nur rund 24 %.

Ein Vergleich mit der Grundgesamtheit ist zu diesem Aspekt nur eingeschränkt möglich. Die Ergebnisse des VFE können annähernd mit Daten aus der SFGE I-Studie verglichen werden, bei der eine eigene Verhaltensskala in Anlehnung an den VFE mit Trennwert eingesetzt wurde. In der SFGE I-Studie lag der Anteil der Kinder und Jugendlichen mit ausgeprägten Problemen des Verhaltens und der Emotionen bei 52,1 %; bei den Kindern und Jugendlichen, die im Heim lebten, war der Anteil mit 64,3 % deutlich höher (Dworschak et al., 2012, S. 155; Dworschak & Reiter, 2017, S. 334ff.). Der Vergleich zeigt, dass im stationären Wohnen – und besonders in der hier untersuchten Stichprobe

– deutlich mehr Kinder und Jugendliche herausforderndes Verhalten zeigen; besonders ausgeprägt zeigt sich das bei der Gruppe der Kinder und Jugendlichen mit intensivpädagogischem Betreuungsbedarf.

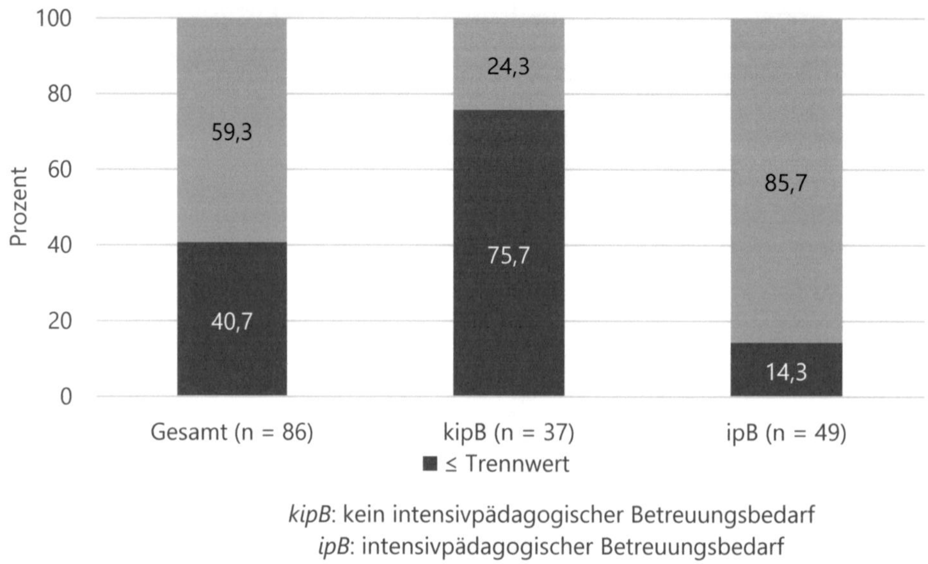

Abbildung 3. Anteil der Kinder und Jugendlichen in Gesamtverhaltensproblemwerten (*GVPW*) nach geschätztem Trennwert

3.5 Zusammenfassung

Fasst man die Ergebnisse zu den Ausgangsbedingungen, Kompetenzen und Unterstützungsbedarfen der Kinder und Jugendlichen der drei teilnehmenden Einrichtungen zusammen, so zeigt sich, dass mehr als die Hälfte einen intensivpädagogischen Betreuungsbedarf aufweist. Diese Gruppe ist besonders durch einen höheren Grad der Intelligenzminderung (knapp 30 % mit schwerer/schwerster Intelligenzminderung), einen höheren Anteil von nicht sprechenden Kindern und Jugendlichen (rund 36 %) sowie einen deutlich erhöhten Anteil an Kindern und Jugendlichen, die ausgeprägtes herausforderndes Verhalten zeigen (rund 85 %), gekennzeichnet.

4 Ergebnisse (qualitativ) – Einzelfallstudien

Im Folgenden werden die Ergebnisse der durchgeführten Einzelfallstudien präsentiert. Dabei beziehen sich die Ergebnisse vor allem auf qualitative, verbale Daten aus Interviews und Gruppendiskussionen mit Mitarbeitenden, die mit den ausgewählten Einzelfällen pädagogisch tätig sind. Besonders aussagekräftige Interviewpassagen werden als Blockzitate angeführt.[5] Aber auch Beobachtungen der Forschenden wurden in die Auswertung einbezogen. In Abschnitt 4.1 wird zunächst der Personenkreis mit geistiger Behinderung und mit Auffälligkeiten im Erleben und Verhalten beschrieben. In Abschnitt 4.2 wird gezeigt, wie sich das pädagogische Handeln und der Umgang mit FeM gestalten. Wie bereits in Abschnitt 2.2 dargestellt steht im Zentrum der Auswertung das Bemühen, das Typische innerhalb der ausgewählten Stichprobe zu identifizieren, um zu einer Generalisierung zu gelangen.

4.1 Beschreibung des Personenkreises mit intensivpädagogischem Betreuungsbedarf

Zunächst soll der Personenkreis beschrieben werden. Zu diesem Zweck werden Aussagen zu individuellen Bedingungen, herausfordernden Verhaltensweisen, bedingenden Faktoren und Funktionen und zu den Folgen von herausforderndem Verhalten für den Personenkreis gemacht.

---

[5] Zu Zwecken der Anonymisierung wurden die Namen der Kinder und Jugendlichen, für den Fall, dass diese in den zitierten Interviewstellen Erwähnung finden, durch ein X ersetzt. Zudem wurde das Geschlecht der Kinder und Jugendlichen in den zitierten Textstellen teilweise verändert.

4.1.1 Individuelle Bedingungen

Um die Kinder und Jugendlichen der Stichprobe näher zu charakterisieren, werden die Aspekte Alter, sprachliche Kompetenzen, Behinderungen, Diagnosen und Biographisches knapp thematisiert. Die nach dem Prinzip der maximalen Kontrastierung (siehe Abschnitt 2) ausgewählten acht Kinder und Jugendlichen waren zu Beginn des Erhebungszeitraums (Frühjahr 2018) zwischen 10 und 18 Jahre alt. Sechs der Kinder und Jugendlichen sind männlich, zwei weiblich. Ihre sprachlichen Kompetenzen reichen von durch die Mitarbeitenden nicht einschätzbarer Sprachrezeption und keiner produktiven Sprache bis hin zu komplexem Sprachverständnis mit Sprachproduktion ohne besonders auffällige Artikulationsstörungen. Auch bezüglich des Intelligenzniveaus (gemäß ICD 10) zeigen sich die Kinder und Jugendlichen sehr heterogen, von leichter bis schwerster Intelligenzminderung mit zusätzlichen Sinnes- oder körperlichen Beeinträchtigungen. Im Hinblick auf klinisch-psychiatrische Diagnosen (gemäß ICD 10) sind Diagnosen aus dem Autismus-Spektrum besonders häufig, seltener wurden auch Bindungsstörungen, Aktivitäts- und Aufmerksamkeitsstörungen, Hyperkinetische Störungen des Sozialverhaltens und Posttraumatische Belastungsstörungen diagnostiziert; alle Kinder und Jugendlichen haben neben der diagnostizierten Intelligenzminderung mindestens eine psychiatrische Diagnose und sind in ambulanter kinder- und jugendpsychiatrischer Betreuung.

Bezüglich der primären familiären Sozialisation zeigen sich sehr unterschiedliche Milieus. Die Biographien mancher Kinder und Jugendlichen der Stichprobe sind geprägt von belasteten familiären Settings (z.B. Eltern mit geistiger Behinderung) und schwerwiegenden familiären Vorkommnissen (z.B. häuslicher Missbrauch, Gefängnisaufenthalte der Eltern, Sorgerechtsentzug). In den meisten Fällen haben die Kinder und Jugendlichen bereits Wechsel der Wohneinrichtungen und Schulwechsel erlebt. Teilweise waren die Kinder und Jugendlichen bereits (mehrfach) in stationärer kinder- und jugendpsychiatrischer Behandlung.

4.1.2 Herausfordernde Verhaltensweisen

Im Folgenden wird ein kurzer Überblick über die von den Mitarbeitenden als herausfordernd beschriebenen Verhaltens- und Erlebensweisen der ausgewählten Kinder und Jugendlichen gegeben. Die Darstellung orientiert sich dabei an Theunissen (2016, S. 52f.), welcher im Rahmen seines Systematisierungsversuchs folgende Erscheinungsformen unterscheidet:

- Auffälligkeiten im Sozialverhalten
- Auffälligkeiten im psychischen (emotionalen) Bereich
- Auffälligkeiten im Arbeits- und Leistungsbereich
- Auffälligkeiten gegenüber Sachobjekten
- Auffälligkeiten im somato-physischen Bereich
- Selbstverletzende Verhaltensweisen
- Sogenanntes irritierendes Verhalten

Innerhalb der Stichprobe sind **Auffälligkeiten im Sozialverhalten** ein häufig beschriebenes Phänomen, welches sich in Form von physisch-fremdaggressiven Verhaltensweisen gegen Mitbewohner*innen und Mitarbeitende richten kann (z.B. Schläge mit der Faust oder flachen Hand, Beißen ins Gesicht, Kopfstöße, Quetschen von Körperteilen, Greifen um und Drücken gegen den Hals von Mitarbeitenden, Zwicken, Ziehen an Haaren, Fußtritte, Werfen von gefährlichen Gegenständen, sexuell übergriffiges Verhalten wie das Berühren intimer Stellen). Fremdaggressives Verhalten gegenüber anderen Kindern und Jugendlichen wird häufig als besonders herausfordernd beurteilt.

> Also der wird eigentlich total schnell herausfordernd, vor allem auch fremdverletzend. Also das geht ruckizucki. Da braucht man jetzt oft nur daneben/neben ihm stehen und sich zum Beispiel zu räuspern. Das reicht schon. Das stört ihn dann schon. Und dann haut er gleich her oder droht es zumindest [...]. (Erhebung 14 (E14), Absatz 8)

Aber auch Verbalaggressionen (z.B. Androhungen von Gewalt, vulgäre Äußerungen, Beleidigungen), Lügen, oppositionelles Verhalten, fortwährende Forderungen an Mitarbeitende, Einfordern von Zuwendung (z.B. durch Autoaggressionen), Sich-auf-den-Boden-Legen (z.B. aus Protest) und ablehnendes Verhalten bei (Kontakt-)Angeboten werden genannt.

Also wenn man auf dem Volksfest war und sie da ihren Spaß hatte mit Fahrgeschäften und so und das dann beendet ist, dann kommt halt zum Beispiel „Ja, jetzt will ich aber noch ins McDonalds" und wenn man dann sagt „Nein, McDonalds ist jetzt heute finanziell nicht mehr drin", dann ist wieder Randale. (E27, 4)

Er nennt ja auch wirklich nach wie vor dann wirklich schlimme Wörter, also da ist Arschloch noch das freundlichste. Er greift dann auch/ also verbal greift er auch gezielt die Betreuer an. Er trifft da manchmal so wunde Punkte, so „,Du fette Sau" oder sowas, wenn man ein bisschen korpulenter ist oder so. (E3, 20)

Darüber hinaus werden häufig **Auffälligkeiten im psychisch-emotionalen Bereich** genannt, wie Schreien, Weinen, Ängstlichkeit und Unsicherheit und damit einhergehend permanentes Nachfragen und Sich-Vergewissern, Niedergeschlagenheit, Anspannung, Unruhe (z.B. in Form von permanenten und intensiven Schaukel- und Wippbewegungen) und Wut.

Sie ist jetzt wieder so, so wie wir sie kennen, dass sie sich so gar nicht auskennt, alles abfragt, Sachen abfragt, die schon Monate zurückliegen. Immer wieder versucht, ihren Tagesplan sofort zu wissen [...]. (E15, 12)

Viele der Kinder und Jugendlichen zeigen zudem **Auffälligkeiten gegenüber Sachobjekten** (z.B. Treten und Beschädigen von Mobiliar oder Gegenständen, Zerreißen der Kleidung von Mitarbeitenden oder der eigenen, Knallen von Türen). Auch selbstinduziertes Erbrechen, Urinieren an unpassenden Orten (z.B. als Ausdruck des Widerwillens) oder das Schmieren mit Ausscheidungen werden genannt.

Bei vielen Einzelfällen zeigen sich zudem **selbstverletzende Verhaltensweisen** (z.B. Schlagen auf die eigenen Ohren, Schlagen des Kopfs gegen den

Boden oder die Wand, Schlagen ins Gesicht, Beißen in Handgelenke und Arme, selbstinduziertes Erbrechen, Kotschmieren in die Gehörgänge).

Gibt sich selber Schellen, ganz arg sogar, dass sie auch ziemlich rot wird im Gesicht und/ wir haben da viel ausprobiert, wie man da am besten mit umgehen kann. Haben es ignoriert, aber wie gesagt, wenn man es ignoriert, macht sie es so lange, bis man darauf reagieren muss. (E41, 24)

In diesem Zusammenhang sind zudem Weglauftendenzen als selbstgefährdendes Verhalten zu nennen.

Auffälligkeiten im somato-physischen Bereich kommen innerhalb der Stichprobe vor allem in Form von ausgeprägtem Bewegungsdrang, motorischer Unruhe und Problematiken im Zusammenhang mit der Nahrungsaufnahme (z.B. übermäßiges, hastiges, einseitiges, reduziertes Essverhalten) eine große Bedeutung zu.

Zudem nennen Mitarbeitende häufig Verhaltensweisen, welche den sogenannten **irritierenden Verhaltensweisen** zugeordnet werden können. Laut Theunissen (2016, S. 53) werden diese Verhaltensweisen häufig mit Diagnosen im autistischen Spektrum in Verbindung gebracht. In diesem Zusammenhang werden von den Befragten häufig stark zwanghaftes Verhalten und spezifische Vorstellungen beschrieben, zum Beispiel hinsichtlich der Positionierung von Gegenständen, der Kleidungswahl (und deren Wechsel in großer Häufigkeit) oder der Reihenfolge von Handlungen. Besonders herausfordernd werden diese Verhaltensweisen von Mitarbeitenden dann erlebt, wenn die Handlungsmöglichkeiten anderer Mitbewohner*innen dadurch eingeschränkt werden. Ist ein Ausführen dieser zwanghaften Verhaltensweisen nicht möglich, führt dies häufig zu aggressiven Verhaltensweisen.

Er hat/ er zeigt sehr zwanghaftes Verhalten, das sich aber stetig ändert. Also mal sind es die Socken, die nicht passen, dann ist es die Unterhose, die er nicht anlassen kann. Dann ist es der Teller, der nicht auf dem Tisch stehen darf. Also da ist er teilweise sehr gefangen. Das ist aber sehr phasen- und sehr wechselhaft. (E7, 4)

Auffälligkeiten im Arbeits- und Leistungsbereich, wie zum Beispiel Arbeitsverweigerung, werden nur in geringem Ausmaß genannt, was auf die Merkmale des Lebensbereichs Wohnen zurückgeführt werden kann, in welchem laut den Befragten leistungsbezogene Anforderungen und Förderziele im Vergleich zum Schulbereich eine geringere Bedeutung haben. Allerdings wird in mehreren Fällen genannt, dass die Bereitschaft, sich auf Beschäftigungs- und Förderangebote einzulassen, häufig beschränkt ist (siehe 4.1.3 und 4.2.1).

Art des Auftretens, Häufigkeit, Dauer und Intensität von HV

Häufig treten unterschiedliche Formen herausfordernder Verhaltensweisen in Kombination miteinander auf:

Dann merkt man „Ok, die Unruhe beginnt", weil sie sich nämlich dann just in diesem Moment vom Mitarbeiter abwendet, sich schlägt, beißt, schreit und im schlimmsten Falle dann Kontakt zu einer anderen Bewohnerin aufnimmt und die zum Beispiel an den Haaren packt oder sie einfach grob anfasst. (E33, 8)

Die beschriebenen Auffälligkeiten können dabei in unterschiedlicher Häufigkeit und Dauer auftreten, wobei oftmals von einer hohen Kontinuität des gezeigten Verhaltens berichtet wird. Die Intensität kann in Abhängigkeit von den körperlichen Voraussetzungen sehr hohe Ausprägungen annehmen, was pädagogische Beziehungen und erzieherisches Arbeiten enorm erschweren kann. Häufig tritt herausforderndes Verhalten äußerst plötzlich und unvermittelt auf. Die Stimmung der Kinder und Jugendlichen wird häufig als sehr wechselhaft und impulsiv beschrieben.

Also man meint jetzt, es läuft alles gut und ist gut gelaunt, und dann braucht nur eine Kleinigkeit sein und dann ist schon wieder die Stimmung schlecht. (E14, 4)

Phasen mit positiver und Phasen mit negativer Stimmung wechseln sich dabei häufig ab. Die jeweiligen Phasen können dabei eine Dauer von mehreren

Wochen oder Monaten haben. Die grundsätzlichen Verhaltensproblematiken sind allerdings in der Regel recht stabil und bestehen häufig seit Jahren.

Aufgrund ihres Gefährdungspotentials (siehe 4.1.4) und aufgrund ihrer Häufigkeit sind fremd- und autoaggressive Verhaltensweisen von besonderer Bedeutung innerhalb der Stichprobe, weshalb sich die in 4.2 beschriebenen Umgangsformen zu einem großen Teil auf diese beziehen. Vieles deutet darauf hin, dass den einzelnen Formen herausfordernden Verhaltens (z.B. Sachaggressionen, fremdaggressives Verhalten) tendenziell keine typischen Funktionen und Ursachen zugeschrieben werden können (siehe auch Emerson & Bromley, 1995, S. 393f.) und dass daher in Bezug auf den Umgang mit herausforderndem Verhalten vielmehr die jeweiligen bedingenden Faktoren und Funktionen des Verhaltens maßgeblich sind. Aufgrund dessen wird unter 4.2 (Professioneller Umgang mit herausforderndem Verhalten) nicht durchgängig zwischen den verschiedenen Formen herausfordernden Verhaltens unterschieden und sich – sofern nicht explizit erwähnt – auf herausforderndes Verhalten im Allgemeinen bezogen. Auf bedingende Faktoren und Funktionen von herausforderndem Verhalten wird in der Folge unter 4.1.3 näher eingegangen.

4.1.3 Bedingende Faktoren und Funktionen herausfordernden Verhaltens

Im Folgenden soll, um ein differenziertes Bild des Personenkreises zu zeichnen, beschrieben werden, welche Funktionen dem herausfordernden Verhalten der Kinder und Jugendlichen der Stichprobe aus der Sicht von Mitarbeitenden typischerweise zugrunde liegen und welche Faktoren die Entstehung von herausforderndem Verhalten (vermutlich) bedingen. Das Kennen und Erschließen der bedingenden Faktoren und der Funktionen kann für den Umgang mit herausforderndem Verhalten als wesentlich bezeichnet werden. Dem Begriff Funktionen ist eine systemische Sicht inhärent, demgemäß herausforderndes Verhalten als ein Problemlösungsversuch zu betrachten ist und die „Frage nach dem subjektiven Sinn und Zweck des Verhaltens" (Theunissen, 2016, S. 66) gestellt wird. Wie bereits in Abschnitt 1 beschrieben wird herausforderndes Verhalten „als ein individueller Zustand eines tiefgreifenden Missverhältnisses zwischen individuellen Voraussetzungen und Umweltbedingungen als Ergebnis komplexer biologischer und psychosozialer Wechselwirkungen" (Hennicke, 2014, S. 223) definiert. In Bezug auf die Genese von herausforderndem Verhalten kann also idealtypisch zwischen personen- und umweltbezogenen bedingenden Faktoren unterschieden werden, welche miteinander in Wechselwirkung stehen.

Innerhalb der Stichprobe konnten die folgenden Aspekte im Zusammenhang mit bedingenden Faktoren und Funktionen von herausforderndem Verhalten als typisch identifiziert werden.

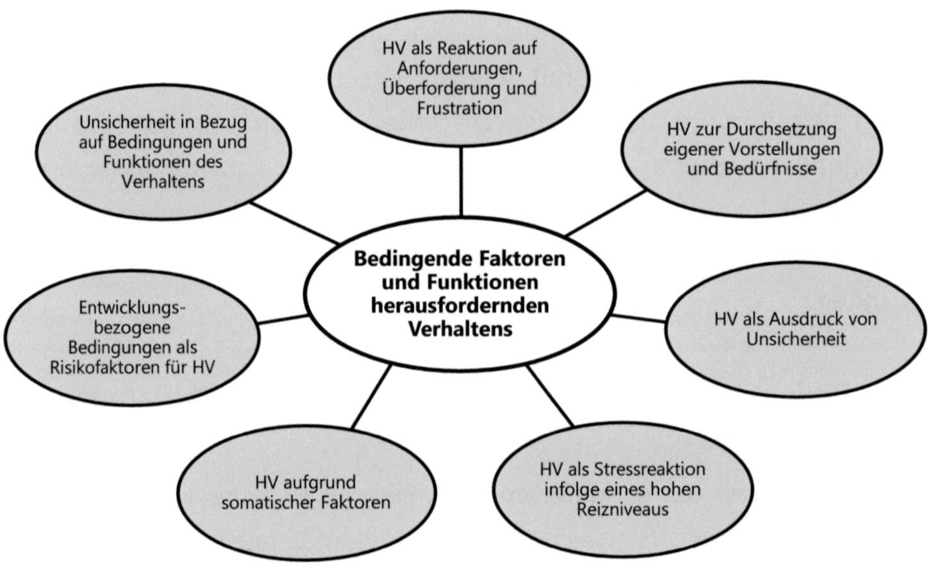

Abbildung 4. Analyseergebnisse zu bedingenden Faktoren und Funktionen von HV

HV als Reaktion auf Anforderungen, Überforderung und Frustration

Häufig erklären sich Mitarbeitende das gezeigte herausfordernde Verhalten als Reaktion auf zu hohe Anforderungen, Überforderung und Frustrationserleben. Dabei kann das Überforderungserleben unterschiedliche Quellen haben: Besonders häufig werden soziale Anforderungen in Situationen mit einer Vielzahl anderer Personen (z.B. Busfahrten, gemeinsame Essenssituationen), Zeitdruck (z.B. zwischen Aufstehen und Schulbeginn) und Erwartungen an das Verhalten (z.B. Hinweis auf Verhaltensregeln) genannt.

Also wenn sie jetzt mal die Socken nicht gleich anziehen will, dann lassen wir einfach Zeit vergehen und dann zieht sie sie später an, kurz vorm Rausgehen. Das wirkt oft Wunder, weil im Haus oder vor dem Frühstück zum Beispiel macht es für sie scheinbar keinen Sinn jetzt die Socken anzuziehen. Und wir haben dann einfach auch gesagt „Gut, dann schrauben wir jetzt mal unsere Erwartungen zurück" und im Haus muss sie jetzt nicht unbedingt Socken anhaben. Die hat sie einfach an, wenn sie rausgeht. Und das funktioniert ganz gut. (E9, 62)

Auch Überforderung aufgrund von Förderangeboten (z.B. Kommunikationsförderung) wird häufig genannt. Zwar ist man der Meinung, dass das Anforderungsniveau im Wohnbereich diesbezüglich wesentlich niedriger ist als im Schulbereich, allerdings wird vermutet, dass die Anforderungen im Schulbereich zeitlich verzögert auch zu einem erhöhten Anspannungsniveau im Wohnbereich führen können.

HV zur Durchsetzung eigener Vorstellungen und Bedürfnisse

Zudem wurde häufig angegeben, dass herausforderndes Verhalten als Ausdruck von Unzufriedenheit gezeigt wird, um die Befriedigung von Bedürfnissen zu erreichen oder um den eigenen Willen und Vorstellungen zu kommunizieren und durchzusetzen. So können Vorfälle, Ereignisse und Handlungen von Mitarbeitenden, die nicht dem Willen und den Bedürfnissen der Kinder und Jugendlichen entsprechen, häufig herausforderndes Verhalten zur Folge haben, mit dem bezweckt wird, die jeweiligen Ereignisse abzuwenden oder zu vermeiden.

Also wir sind wirklich zufrieden auch, auch mit dem Essenerbrechen, dass das nicht mehr vorkommt. Das war ja teilweise auch, also von ihm gewollt. Also dieses Protest-Ich-erbreche-mein-Essen-raus, Passt-mir-nicht. (E37, 52)

Die genannte Unzufriedenheit kann sich zum Beispiel auf nicht stattfindende Aktivitäten oder das Essensangebot beziehen. Auch vermeintlich nichtige Begebenheiten (z.B. falsch gedeckter Tisch) können bedingende Faktoren darstellen:

Und dann sind es wirklich Kleinigkeiten, die sie dann wirklich sehr schnell sehr stören können. Eben, dass das falsche Müsli bei ihr am Tisch steht oder die falsche Marmelade oder ein Messer fehlt oder/ Und das muss ja nicht mal sie persönlich betreffen. (E3, 20)

Besonders häufig spielt nach Einschätzung der Mitarbeitenden das Bedürfnis nach Aufmerksamkeit und Zuwendung bei der Genese von herausforderndem Verhalten eine Rolle. Teilweise wird sogar berichtet, dass es für die Kinder und Jugendlichen unerheblich ist, ob die erlangte Aufmerksamkeit positiv (z.B. gemeinsame Beschäftigung) oder negativ ist (z.B. Tadel, Zurechtweisen). Auch in Wartesituationen scheint herausforderndes Verhalten besonders häufig zu sein – also in Situationen, in denen die Befriedigung von Bedürfnissen aufgeschoben werden muss (z.B. vor dem Essen). In Interaktion mit neuen Mitarbeitenden tritt herausforderndes Verhalten ebenfalls verstärkt auf, da neue Mitarbeitende mit den oft spezifischen Interessen, Bedürfnissen, Vorlieben und Wünschen noch nicht vertraut sind.

HV als Ausdruck von Unsicherheit

Zudem wird häufig genannt, dass herausforderndes Verhalten als Reaktion auf Unsicherheit und Orientierungslosigkeit auftritt. So tritt herausforderndes Verhalten nach Einschätzung der Mitarbeitenden häufig dann auf, wenn sich gewohnte Strukturen und Bedingungen verändern oder außergewöhnliche Begebenheiten eintreten; in besonderer Weise stellt sich dieses Problem bei unvorhergesehenen Ereignissen. In diesem Zusammenhang sind Abweichungen hinsichtlich des gewohnten Tagesablaufs oder des Heimfahrtrhythmus zu nennen.

Also günstig für ihn ist nach wie vor, wenn alles strukturiert abläuft, wenn er sich auskennt. Wenn er weiß, was kommt jetzt als nächstes. Also er weiß zum Beispiel, jetzt nach dem Essen macht er eine kurze Pause in seinem Zimmer und nach der Pause im Zimmer kann er ein bisschen rausgehen mit einem Betreuer. Also das hilft ihm [...]. (E9, 114)

Unsicherheit resultiert allerdings nicht nur aus unvorhergesehenen Ereignissen. Auch das Verhalten von Mitarbeitenden kann Unsicherheit und somit herausforderndes Verhalten bedingen, wenn die Kinder und Jugendlichen Schwierigkeiten haben, das Verhalten der Mitarbeitenden einzuschätzen und zu antizipieren. Dies ist nach Ansicht der Befragten dann der Fall, wenn Mitarbeitende unsicher, angespannt, inkonsequent bzw. uneindeutig und in einem hohen Maße uneinheitlich innerhalb des Teams agieren. Dieses Problem tritt verstärkt bei neuen Mitarbeitenden auf. Auch die große Anzahl an Bezugspersonen in den Wohngruppen wird in diesem Zusammenhang häufig als ein Problem genannt.

HV als Stressreaktion infolge eines hohen Reizniveaus

Zudem wird häufig genannt, dass Anspannung und herausfordernde Verhaltensweisen als Stressreaktionen infolge eines hohen Reizniveaus und einer Vielzahl an Eindrücken im Gruppenalltag auftreten. In der Regel wird hier von einer hohen akustischen Belastung und Unruhe berichtet. Aber auch eine Vielzahl an sozialen Reizen wird häufig als Risikofaktor angeführt. In besonderer Weise scheint sich diese Problematik in räumlich beengten Situationen zu zeigen (z.B. in der Garderobe).

Die genannten Faktoren stellen typische Merkmale institutioneller Settings dar, da kontinuierlich eine hohe Anzahl an Personen anwesend ist (Mitbewohner*innen, Mitarbeitende, Therapeut*innen, Fachdienste, usw.). Unzureichende akustische Dämmung, beengte Räumlichkeiten und fehlende räumliche Ressourcen als Ausweichmöglichkeiten werden von Mitarbeitenden häufig bemängelt. Auf der anderen Seite wird vielen Kindern und Jugendlichen in diesem Zusammenhang auch eine ausgeprägte sensorische Sensibilität zugeschrieben (siehe unten: Entwicklungsbezogene Bedingungen als Risikofaktoren für HV).

HV aufgrund somatischer Faktoren

Häufig wird herausforderndes Verhalten auch auf körperbezogene Bedingungen zurückgeführt. In diesem Zusammenhang werden hormonelle Faktoren (z.B. Pubertät), hirnorganische Ursachen, einseitige Ernährung, Schmerzen (z.B. Hals- oder Ohrenschmerzen, nicht sichtbare Verletzungen, Zahnschmerzen) thematisiert. Bei Verdachtsfällen werden innerhalb der Stichprobe gegebenenfalls entsprechende Untersuchungen durchgeführt (z.B. Computertomographie, zahnärztliche Untersuchung). Aber auch Müdigkeit, Erschöpfung oder überschüssige Energie aufgrund geringer körperlicher Auslastung werden im Zusammenhang mit körperbezogenen Faktoren genannt.

Es kann geschlussfolgert werden, dass es insbesondere bei Kindern und Jugendlichen mit eingeschränkten kommunikativen Kompetenzen von hoher Bedeutung ist, auf derartige Hinweise zu achten.

Entwicklungsbezogene Bedingungen als Risikofaktoren für HV

Häufig wird das gezeigte Verhalten von den Befragten auch auf den jeweiligen Entwicklungsstand zurückgeführt. In diesem Zusammenhang werden häufig eingeschränkte Fähigkeiten aufgrund der kognitiven Beeinträchtigung genannt (z.B. eingeschränkter Zeitbegriff, eingeschränktes Erfassen von Zusammenhängen). Auch Einschränkungen in Bezug auf selbstregulative Kompetenzen (z.B. Aufschieben der Bedürfnisbefriedigung), soziale Fähigkeiten (z.B. eingeschränkte passive Kritikkompetenz) und die moralische Entwicklung werden genannt.

[...] ich denke, sie weiß ja weder, dass das nicht richtig ist, noch, dass sie den anderen damit weh tut oder was sie da anrichtet. Ich denke nicht, dass sie da irgendwie einen Moralbegriff hat. Sie ist halt sie in ihrer Welt und will haben, was sie gerade haben will. (E19, 43)

Häufig wird herausforderndes Verhalten auch mit einem diagnostizierten psychiatrischen Störungsbild in Zusammenhang gebracht, zum Beispiel ein starkes Bedürfnis nach Zuwendung aufgrund einer Bindungsstörung oder eine ausgeprägte sensorische Sensibilität aufgrund einer Autismus-Spektrum-Störung.

Unsicherheit in Bezug auf Bedingungen und Funktionen des Verhaltens

Es muss schließlich betont werden, dass es sich bei den genannten Funktionen und bedingenden Faktoren immer um Einschätzungen und Vermutungen von Mitarbeitenden handelt, denen eine teils hohe interpretative Leistung zugrunde liegt. Dies ist vor allem bei Kindern und Jugendlichen mit geringen (verbal-) sprachlichen Kompetenzen der Fall. So sind die Aussagen der Mitarbeitenden in der Regel (auch bei den verbalsprachlich kommunizierenden Kindern) durch eine hohe Unsicherheit in Bezug auf die Bedingungen und Funktionen gekennzeichnet:

> (Atmet schwer) Ich weiß es nicht. Ich kann es euch wirklich nicht sagen. Einfach weil es so, eben für einen selber oft aus dem Nichts kommt. (E3, 26)

Aufgrund dessen kann geschlussfolgert werden, dass intensive teaminterne Verhaltensanalysen und kontinuierliche Reflexionen, Fallgespräche mit anderen Professionen (z.B. Psychotherapeut*in, Psycholog*in), Weiterbildungen in Bezug auf die Genese von herausforderndem Verhalten, systematische Verhaltensdokumentationen, Kenntnis von biographischen Daten und große Aufmerksamkeit in Bezug auf Kommunikationsversuche für das Eruieren der Funktionen und Bedingungen nötig sind.

Von den im Abschnitt 4.1.3 beschriebenen Vermutungen der Mitarbeitenden hinsichtlich der Funktionen und der bedingenden Faktoren scheinen innerhalb der Stichprobe herausfordernde Verhaltensweisen als Reaktion auf Anforderungen und Überforderung, zur Durchsetzung eigener Vorstellungen und Bedürfnisse und als Ausdruck von Unsicherheit besonders bedeutend zu sein. Calabrese (2017, S. 34ff.) beschreibt literaturbasiert verschiedene (nicht allzu trennscharfe) Funktionalitätsdimensionen im Zusammenhang mit herausforderndem Verhalten[6], welche sich größtenteils auch in den Reflexionen der Mitarbeitenden der Stichprobe widerspiegeln. Auffallend ist, dass die sogenannte Unterforderungshypothese nach Ansicht der befragten Mitarbeitenden in der Stichprobe kaum eine Rolle zu spielen scheint. Mit der Unterforderungshypothese ist gemeint, dass die Kinder und Jugendlichen sich selbst stimulierende Reize aufgrund von sensorischer Deprivation und mangelnden Entwicklungsangeboten zufügen (Calabrese, 2017, S. 35). Dies könnte auf der einen Seite auf die Beschaffenheit der Stichprobe zurückzuführen sein. Möglich ist aber auch, dass dieser Faktor, der einen Mangel oder Fehlen von Reizen darstellt, für Mitarbeitende äußerst schwierig zu identifizieren ist.

In Bezug auf die im Abschnitt 4.1.3 geschilderten Vermutungen der Mitarbeitenden hinsichtlich der Funktionen und der bedingenden Faktoren ist außerdem festzustellen, dass der Reflexion umgebungsbezogener Risikofaktoren viel Raum zukommt und nicht nur personenbezogene Ursachen angenommen werden. Allerdings ist auffällig, dass sich die Vermutungen größtenteils auf situative Bedingungsfaktoren beziehen. Die Verhaltensanalysen der Mitarbeitenden scheinen also eher gegenwartsbezogen zu sein. Biographisch bedingte Ursachen und Motive für herausforderndes Verhalten werden dagegen seltener bzw. kaum genannt. Es ist aufgrund der Offenheit der Interviewgestaltung anzunehmen, dass sich die Verhaltensanalysen der Mitarbeitenden nicht nur im Interviewkontext, sondern auch im pädagogischen Alltag eher auf situative Begebenheiten beziehen. Dies ist insofern nachvollziehbar, als die Bedingungen einer herausfordernden Situation für Mitarbeitende sicherlich stärker greifbar sind als weit

[6] Im fachlichen Diskurs verbreitete Funktionalitätsdimensionen im Zusammenhang mit herausforderndem Verhalten (Calabrese, 2017, S. 34ff.): Frustrationshypothese, Vermeidungshypothese, Allgemeine Überforderungshypothese, Überforderungshypothese durch organisatorische Bedingungen, Soziale Überforderungshypothese, Unterforderungshypothese, Stresshypothese, Kommunikationshypothese, Zuwendungshypothese, Durchsetzungshypothese.

zurückliegende Bedingungszusammenhänge. Die teils häufigen Einrichtungswechsel der Kinder und Jugendlichen (siehe Abschnitt 4.1) verstärken diese Problematik zusätzlich. Zudem kann die seltenere Berücksichtigung von Faktoren aus der Vergangenheit darauf zurückgeführt werden, dass aktuell vorherrschende Bedingungen eher modifiziert werden können. Für die Suche nach pädagogischen Umgangsmöglichkeiten könnte eine Perspektivenerweiterung durch eine stärkere Berücksichtigung der historischen Dimension allerdings dennoch einen Gewinn darstellen. Zu diesem Zweck könnte eine stärkere Vernetzung der bisher an der Betreuung beteiligten Einrichtungen untereinander zuträglich sein. Allerdings scheint eine Umsetzung diesbezüglich kaum möglich. Der Einbezug der Eltern bzw. Sorgeberechtigten als Expert*innen für die Biographien ihrer Kinder (und natürlich der Kinder und Jugendlichen selbst) scheint hier einer der praktikabelsten Wege zu sein.

4.1.4 Folgen herausfordernden Verhaltens

An dieser Stelle soll mit einer kurzen Beschreibung der Folgen herausfordernder Verhaltensweisen in Ansätzen die Tragweite des Phänomens für den betroffenen Personenkreis und die Notwendigkeit der Reflexion und Entwicklung pädagogischer Maßnahmen und Konzepte verdeutlicht werden.

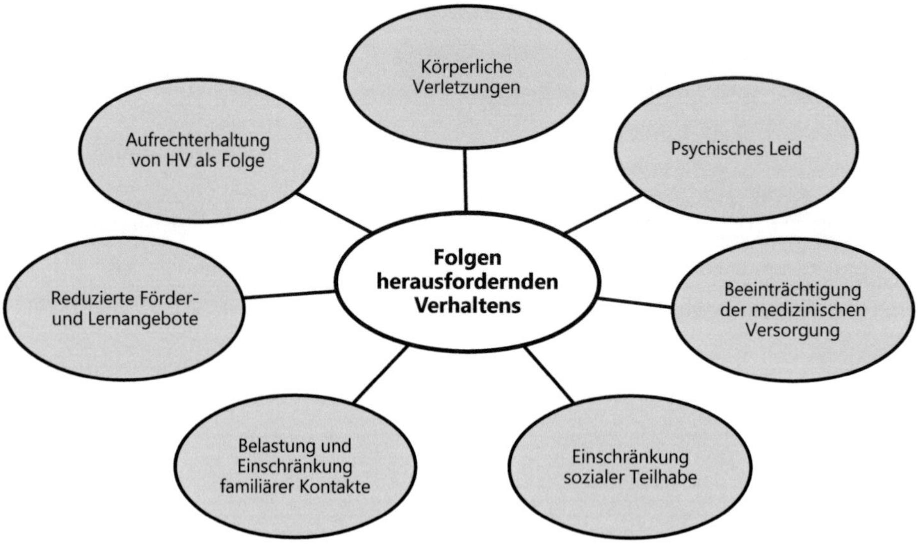

Abbildung 5. Analyseergebnisse zu den Folgen von HV

Körperliche Verletzungen

Innerhalb der Stichprobe sind (massive) körperliche Verletzungen (z.B. blutende Wunden, blutunterlaufene Augen, angeschwollene Körperstellen, offene Wunden infolge des Herausreißens von Haut durch Beißen, hängende Augenlider) als unmittelbare Folge autoaggressiver Verhaltensweisen ein äußerst häufig beschriebenes Phänomen.

Also der hat am Kopf überall kahle Stellen, teilweise richtige Schürfwunden – größere – gehabt, die Ohren hat man überhaupt nicht mehr erkannt, nur noch eigentlich so die äußere Ohrmuschel, wie so Blumenkohl-Boxer-Ohren halt irgendwie. Die Wangen sind so angeschwollen, dass die Augen auch richtig geschwollen waren. Der hat sich die Lippe aufgebissen. Er hat sich die Backen von innen aufgebissen. (E41, 20)

Teilweise leiden die Betroffenen infolge ihres selbstverletzenden Verhaltens auch an chronischen körperlichen Beschwerden und Schmerzen (z.B. chronische Ohrenentzündungen infolge des Schmierens von Kot in die Gehörgänge), die wiederum herausforderndes Verhalten bedingen können.

Psychisches Leid

Als besonders bedeutsame Folgen herausfordernden Verhaltens nennen die befragten Mitarbeitenden psychische Leidenserfahrungen, wie zum Beispiel Traurigkeit, emotionale Distanziertheit und (Verlust-)Ängste, was auf massive Einschränkungen des Wohlbefindens schließen lässt.

Und weint ja wirklich oft dann und sagt ja, dass es ihm leidtut. Das ist ihm ja ganz wichtig, dass man auch nach einer Auseinandersetzung oder Meinungsverschiedenheit ja oft auch schon nur, trotzdem noch sagen kann „Hey, ich habe Dich noch gern. Ist jetzt blöd gelaufen, beim nächsten Mal machen wir es besser". (E3, 24)

Beeinträchtigung der medizinischen Versorgung

Als weitere Folge herausfordernden Verhaltens haben sich Einschränkungen oder Verzögerungen der medizinischen Versorgung der Kinder und Jugendlichen herausgestellt. So gestalten sich medizinische Untersuchungen aufgrund des Verhaltens häufig schwierig (z.B. Blutabnahmen nur bei Festhalten durch mehrere Personen, zahnärztliche Behandlung unter Vollnarkose). Oftmals bedingen diese für den betroffenen Personenkreis belastenden Situationen erneut Anspannung und herausfordernde Verhaltensweisen.

Einschränkung sozialer Teilhabe

Bei allen Einzelfällen zeigen sich deutliche Einschränkungen der sozialen Teilhabe im Zusammenleben mit ihren Mitbewohner*innen. Das Essen findet oftmals in Einzelsituationen statt; ihre Freizeit verbringen die Kinder und Jugendlichen teilweise allein oder in Eins-zu-Eins-Situationen mit Mitarbeitenden, da soziale Interaktionen oftmals herausfordernde Situationen zur Folge haben. Freizeitangebote außerhalb der Wohneinrichtung werden häufig vermieden.

Belastung und Einschränkung familiärer Kontakte

Auch familiäre Kontakte sind innerhalb der Stichprobe infolge herausfordernden Verhaltens häufig stark belastet. So werden unter der Bedingung herausfordernder Verhaltensweisen Wochenendbesuche teilweise eingeschränkt oder über längere Zeiträume ausgesetzt. Dies kann wiederum Anspannung auf Seiten der Kinder und Jugendlichen bedingen, die sich in Form von herausforderndem Verhalten äußern kann.

Reduzierte Förder- und Lernangebote

Es zeigt sich darüber hinaus, dass entwicklungsförderliche Impulse und Förder- und Lernangebote (bspw. im Bereich der Unterstützten Kommunikation (UK) oder im Sinne einer lebenspraktischen Erziehung und Bildung) häufig nur in begrenztem Rahmen angeboten oder in Phasen besonders hoher psychischer Belastung und intensiver herausfordernder Verhaltensweisen gänzlich ausgesetzt werden.

Ich muss auch sagen, so fällt uns ja auch nicht viel ein außer die Bewegungsangebote, weil mit ihr/ ja so einfach ist es nicht, mit ihr zu arbeiten. Ihr reißt halt der Geduldsfaden zu schnell und das traut sich dann auch keiner so. (E9, 56)

Diese Problematik zeigt sich auch im Zusammenhang mit schulischen Angeboten. Im Rahmen dieser Stichprobe lernen die Kinder und Jugendlichen teilweise mit individuell verkürzten Schulzeiten, vermehrt in Einzelsituationen mit erhöhtem Personaleinsatz oder einer individuellen Schulbegleitung und in Klassen mit reduzierter Klassenstärke.

Aufrechterhaltung von HV als Folge

Zudem hat sich innerhalb der Stichprobe gezeigt, dass die Folgen herausfordernden Verhaltens immer auch bedingende Faktoren für weitere herausfordernde Situationen und Verhaltensweisen darstellen können.

Das ist ja dann so eine Spirale, eine Abwärtsspirale dann. Daheim nicht mehr führbar und dann wird sie halt nicht mehr geholt, X bekommt mit, die anderen werden alle geholt, wird natürlich dann auch schwieriger am Wochenende, ist dann teilweise, ja, Eins-zu-Eins-Besetzung da eben hier gewesen, auch verhaltensauffälliger, schwieriger. Sie hat das dann auch verstanden/ Weil sie nicht mehr geholt wird. (E36, 58)

Auch ein konsistentes und konsequentes erzieherisches Handeln der Mitarbeitenden kann unter der Bedingung massiver fremdaggressiver Verhaltensweisen in Kombination mit großer körperlicher Kraft der Kinder und Jugendlichen oder auch bei fortwährendem autoaggressivem Verhalten erschwert sein. Dies wiederum kann die Entstehung von Unsicherheit auf Seiten der Kinder und Jugendlichen bedingen, was sich nach Ansicht der Mitarbeitenden häufig in Form von herausforderndem Verhalten äußert.

4.2 Professioneller Umgang mit herausforderndem Verhalten

Auf Grundlage der in Abschnitt 4.1 erfolgten Beschreibung des Personenkreises wird in Abschnitt 4.2 der professionelle Umgang mit herausforderndem Verhalten in stationären Einrichtungen thematisiert. Zunächst werden Aussagen zu wesentlichen pädagogisch-therapeutischen Elementen der individuellen Betreuungskonzepte gemacht (4.2.1). Anschließend werden die Anwendung von FeM (4.2.2) und die Reduktionsbemühungen in diesem Zusammenhang (4.2.3) thematisiert. Abschnitt 4.2.4 hat die Gabe von Psychopharmaka zum Gegenstand.

4.2.1 Pädagogisch-therapeutisches Handeln – Wesentliche Aspekte

Im Folgenden wird geschildert, wie sich in stationären Einrichtungen das pädagogisch-therapeutische Handeln in Bezug auf herausforderndes Verhalten gestaltet. Es soll damit nicht ausgesagt werden, dass die im Anschluss in 4.2.2 und 4.2.3 geschilderten Maßnahmen allesamt kein pädagogisches Handeln darstellen; eine Unterscheidung von pädagogischen und nicht-pädagogischen Maßnahmen soll und kann hier nicht vorgenommen werden. Mit dem im Folgenden beschriebenen pädagogisch-therapeutischen Handeln sind

Vorgehensweisen gemeint, welche sich primär auf herausforderndes Verhalten und eine langfristige Stabilisierung des Verhaltens und Erlebens beziehen.

Häufig werden die Maßnahmen, welche im Zusammenhang mit herausforderndem Verhalten zur Anwendung kommen, nach zeitlichen Gesichtspunkten systematisiert. Es wird dann zwischen präventiven, interventiven und postventiven (z.B. Nachsorge, Reflexion) Maßnahmen unterschieden (Calabrese, 2017, S. 36ff.). Der zeitliche Aspekt spielte im Forschungsprozess bei der Exploration der verwendeten Maßnahmen eine wichtige forschungsleitende Rolle; hier bei der Ergebnisdarstellung wird sich gegen diese Art der Einteilung entschieden, da viele Maßnahmen sowohl mit präventiver als auch mit interventiver Zielrichtung eingesetzt werden. Die folgenden Analyseergebnisse konnten als typische Aspekte in der pädagogischen Arbeit mit der Stichprobe identifiziert werden.

Abbildung 6. Analyseergebnisse im Zusammenhang mit pädagogisch-therapeutischem Handeln

Prävention und Intervention durch Beschäftigungsangebote

Unter der Bedingung eines ansteigenden Erregungsniveaus wird in vielen Fällen berichtet, dass Beschäftigungsangebote eine Beruhigung der Stimmung begünstigen können. Häufig handelt es sich hierbei um Bewegungsangebote (z.B. Spaziergänge, Schaukeln). Zudem sind gemeinsames Musizieren, Spielen, taktile Wahrnehmungsangebote, Baden oder das Verfolgen anderer Interessen der Kinder und Jugendlichen zu nennen. Dies wird auf der einen Seite häufig darauf zurückgeführt, dass dadurch eine gewisse Ablenkung erreicht werden kann. Auf der anderen Seite wird angenommen, dass es sich bei herausforderndem Verhalten in diesem Zusammenhang auch um Verhalten handeln kann, mit dem Bedürfnisse kommuniziert werden (z.B. nach bestimmten Aktivitäten, nach Zuwendung) (zu Bedürfnissen siehe unten).

> [...] wenn man ihn ein bisschen zur Seite nimmt und mit ihm singt oder sich mit ihm beschäftigt und mit ihm spricht, dann ist das auch recht schnell wieder vorbei, diese Impulsspitzen. (E19, 2)

Als präventive Maßnahmen haben die geschilderten Beschäftigungsangebote oft auch ihren festen Platz im Tagesverlauf. In Situationen ohne Beschäftigungsangebote und Zuwendung wird herausforderndes Verhalten also vermehrt gezeigt. Allerdings ist das permanente Gewährleisten von Aufmerksamkeit und Beschäftigungsangeboten oft aufgrund des Personalschlüssels nicht oder nur zu Lasten anderer Kinder und Jugendlichen leistbar. Teilweise werden zu diesem Zweck zusätzliche Individualstunden beantragt.

Interaktions- und Beziehungsgestaltung

Auch die Gestaltung der Interaktionen und der Beziehung zu den Kindern und Jugendlichen spielt nach Ansicht der Mitarbeitenden eine bedeutende Rolle für den Umgang mit herausforderndem Verhalten. Dies wird unter anderem daran deutlich, dass herausforderndes Verhalten oft in starker Abhängigkeit von den jeweiligen beteiligten Mitarbeitenden auftritt. So wird vermutet, dass eine positiv gestaltete Interaktion und Beziehung zuträglich für eine positive Stimmung sind. In diesem Zusammenhang werden zum Beispiel Höflichkeit, Freundlichkeit, Geduld, seltenes Zurechtweisen, positive Gestimmtheit und eine wohlwollende Haltung genannt.

Also die X ist nicht unbedingt ein Freund von einem Anpfiff oder irgendwas. Also da hat man eher das Gegenteil bei ihr bewirkt. [...] Da ist sie ja eher dann eher stur und dann geht sie ja mit dem Kopf durch die Wand. (E37, 30)

Zudem wird es als wichtig erachtet, konsequent, selbstbewusst, sicher, ausgeglichen und entspannt aufzutreten. Die Einhaltung vereinbarter Absprachen sollte gegebenenfalls konsequent eingefordert werden, um ein hohes Maß an Handlungssicherheit zu ermöglichen. Unsicheres oder inkonsequentes Verhalten führt dagegen häufig zu Unsicherheit, Anspannung und herausforderndem Verhalten auf Seiten der Kinder und Jugendlichen. Dies wird darauf zurückgeführt, dass die Kinder und Jugendlichen in diesem Fall Schwierigkeiten haben, das Verhalten der Mitarbeitenden einzuschätzen und zu antizipieren. Um Erwartungssicherheit zu ermöglichen, wird es in diesem Zusammenhang zudem häufig als wesentlich angesehen, innerhalb des Teams möglichst einheitlich zu handeln. Dies gilt besonders für krisenhafte Situationen. Dafür bedarf es umfassender zeitlicher Ressourcen für Absprachen. Eine hohe Personalfluktuation und die Größe der Teams werden dabei als wenig hilfreich wahrgenommen.

Wie bereits genannt kann auch Anspannung auf Seiten der Mitarbeitenden einen bedingenden Faktor für herausforderndes Verhalten darstellen. In kritischen Phasen kann allerdings ein sicheres und entspanntes Auftreten aufgrund der Verunsicherung der Mitarbeitenden erschwert sein. In diesem Fall bedingt sich das Verhalten von Mitarbeitenden und Kind bzw. Jugendlicher/m also zirkulär.

Ich gehe ein bisschen anders in den Dienst rein. Und ich glaube, das merkt der X auch und ja, das ist wie so ein Kreislauf. Er ist entspannt, wenn ich entspannt bin. Und vorher war es eben anders herum. Er ist unentspannt, wenn ich unentspannt bin. (E9, 98)

In kritischen Situationen ist es nach Ansicht der Mitarbeitenden außerdem wichtig, die Kommunikation und Beziehung aufrechtzuerhalten. Auf diese Weise kann versucht werden, durch Zureden zu einer Regulation der Anspannung beizutragen. Im Fall von fremdaggressiven Verhaltensweisen ist die dafür erforderliche Nähe aber nicht immer möglich.

Ermöglichen von Orientierung

Wie zuletzt erwähnt konnte Unsicherheit als ein bedeutender Risikofaktor für die Entstehung von Anspannung und herausforderndem Verhalten identifiziert werden. In diesem Zusammenhang ist auch zu nennen, dass Mitarbeitende in der Regel versuchen, zu einem hohen Maß an Orientierung beizutragen. Häufig geschieht dies dadurch, dass darauf geachtet wird, Tagesabläufe möglichst konstant und unverändert zu gestalten, sodass die Kinder und JUgendlichen Kenntnis von den anstehenden Aktivitäten haben. In der Regel wird auch versucht, Orientierung mittels Visualisierungen in Form von Ankündigungsplänen zu ermöglichen. Diese können sich auf Aktivitäten im Tages- oder Wochenverlauf, auf Wochenendbesuche im Elternhaus und auf diensthabende Mitarbeitende beziehen. Für Kinder und Jugendliche mit schweren kognitiven Beeinträchtigungen wird allerdings das Abstraktionsniveau von bildlichen und symbolischen Darstellungen häufig als zu hoch eingeschätzt.

> Also günstig für sie ist nach wie vor, wenn alles strukturiert abläuft, wenn sie sich auskennt. Wenn sie weiß, was kommt jetzt als nächstes. [...] Also das hilft ihr, aber wir haben das auch schon mal versucht zu visualisieren, das hilft ihr nicht. Die Karten hat sie dir dann einfach wieder zurück in die Hand gedrückt. (E9, 114)

Außerdem wird teilweise angegeben, dass personelle Kontinuität zuträglich für ein hohes Maß an Orientierung, Erwartungssicherheit und somit auch für ein geringes Anspannungsniveau ist. So wird häufig darauf geachtet, dass nicht zu viele Mitarbeitende für das jeweilige Kind zuständig sind. Die häufig relativ hohe Personalfluktuation, der Schichtdienst und die Größe der Teams laufen personeller Kontinuität allerdings entgegen.

Dialogzentriertes Vorgehen

Zudem ist ein dialogzentriertes Vorgehen im Umgang mit herausforderndem Verhalten zu nennen, womit Vorgehensweisen gemeint sind, die auf (verbaler) Kommunikation beruhen und auf gemeinsame Reflexion abzielen. An dieser Stelle sind gemeinsame Reflexionen nach kritischen Situationen mit dem Kind bzw. der/dem Jugendlichen zu nennen. In diesem Zusammenhang spielt laut den befragten Mitarbeitenden zudem die emotionale Komponente im Sinne einer Vergewisserung des Fortbestehens der Beziehung, der Versöhnung und die emotionale Aufarbeitung eine wichtige Rolle. Teilweise finden Reflexions- und Gesprächszeiten, in denen über die aktuelle Gefühlslage, den vergangenen Tag, belastende biographische Themen oder über anderweitige Anliegen gesprochen wird, auch zu festen Tageszeiten mit einer Bezugsperson statt. Aufgrund der hohen kognitiven Anforderungen, die mit derartigen Reflexionen und einem verbal-sprachlichen Vorgehen verbunden sind, stößt dieses Vorgehen laut den Befragten allerdings besonders bei Kindern und Jugendlichen mit schwerer kognitiver Beeinträchtigung häufig an seine Grenzen.

Die meisten, die wir hier betreuen, auch der X, die handeln situativ, aus dem Hier und Jetzt heraus. Das kann ich nachbesprechen, das wirkt vielleicht so lange, bis ich zur Tür raus bin und in der nächsten Situation, gerade die ich nachbesprochen habe, habe ich die gleichen Reaktionen, die gleiche Handlung vom X wie immer. Weil sie, wenn sie sich lenken und selbst steuern könnten, dann wären sie ja nicht hier. Also dieses Problem haben wir hier sehr häufig, dass diese Kinder und Jugendlichen nicht in der Lage sind, das Nachbesprochene umzusetzen. (E23, 241)

Damit soll allerdings nicht geschlussfolgert werden, dass dialogzentrierte Strategien zu vernachlässigen sind. Im Sinne der Beziehungsgestaltung, der Nutzung von kognitiv-reflexiven Ressourcen und der Anregung von Entwicklungsprozessen sind sie dennoch geboten.

Verstärkung und Konditionierung

Zudem ist auffallend, dass bei allen Fällen der pädagogische Umgang verhaltenstherapeutische Elemente gemäß den Prinzipien der Konditionierung[7] beinhaltet; in einigen Fällen wird sich sogar explizit auf die Begriffe Konditionierung bzw. Verstärkung bezogen. Die Mitarbeitenden versuchen demnach, wünschenswertes Verhalten zu verstärken. Dafür werden materielle Verstärker (z.B. Sammelbilder, Spielsachen) oder Handlungsverstärker (beliebte Aktivitäten) verwendet, welche nach definierten Zeitspannen ohne herausforderndem Verhalten gegeben werden. Eine besonders hohe Bedeutung scheinen allerdings soziale Verstärker in Form von Aufmerksamkeit und Zuwendung zu haben; auch Lob, die Zuweisung von verantwortungsvollen Rollen und Aufgaben und das Ermöglichen von positiven Sozialkontakten sind in diesem Zusammenhang zu nennen.

> Positiv verstärken, wenn sie positiv drauf ist. Wer gut gelaunt ist, wird beachtet, und nicht wer den Kopf an die Wand schlägt. Das haben wir auch verändert, also haben wir alle so verändert, dass man auch sie wahrnimmt, wenn sie gut gelaunt ist. (E37, 34)

Die beschriebenen Vorgehensweisen werden von Mitarbeitenden in Bezug auf ihren Effekt auf das Anspannungsniveau und auf herausforderndes Verhalten tendenziell positiv beurteilt.

Auflösen kritischer Situationen und Entzerren des Gruppenalltags

Beim Entzerren von Situationen handelt es sich um eine häufige kontextzentrierte Maßnahme, mit der laut den befragten Mitarbeitenden bezweckt wird, das Ausgesetzt-Sein gegenüber Risikofaktoren zu verhindern (z.B. hohe

---

[7] Bei der Konditionierung handelt es sich um eine psychologische Theorie, die Lernen und Verhaltensänderungen auf die Verknüpfung von Reizen aus der Umwelt und Reaktionen von Individuen zurückführt. Konditionierung umfasst verschiedene Lerntheorien (Hasselhorn & Gold, 2013, 39ff.).

Lautstärke, Aggressionen von Mitbewohner*innen). In diesem Zusammenhang wird sich zum Beispiel teilweise dazu entschieden, die Gruppe aufzuteilen und zeitlich versetzt oder räumlich getrennt zu essen. Auch eine Entzerrung des Gruppenalltags durch Aktivitäten mit einem Teil der Kinder und Jugendlichen außerhalb der Wohngruppe ist hier zu nennen. In krisenhaften Situationen oder in Situationen ansteigender Anspannung wird häufig versucht, die Situationen rasch aufzulösen und räumlich zu entzerren. Gemäß diesem Vorgehen wird häufig also sowohl präventiv als auch interventiv in akuten Krisensituationen gehandelt.

Deeskalation, das passiert eigentlich tagtäglich, dass man versucht im Vorfeld schon zu erkennen: Wird sie jetzt unruhig? Was sind die ersten Signale oder Anzeichen? Und dann dementsprechend darauf einwirkt, die Leute aus der Situation rausnimmt, versuchen ihnen irgendwie eine Abwechslung zu bieten. (E33, 26)

Es kann geschlussfolgert werden, dass für dieses Vorgehen ein hoher Personalschlüssel und entsprechende räumliche Ressourcen (z.B. leicht zugänglicher Garten, freie Zimmer) nötig sind. Eventuelle räumliche Beengtheit, ungünstige raumakustische Bedingungen und ein hohes Reizniveau aufgrund der hohen Anzahl an Kindern und Jugendlichen sind eher ungünstige Rahmenbedingungen.

Befriedigung von Bedürfnissen

Außerdem wird bei der Betreuung aller Kinder und Jugendlichen von ausgeprägten Bemühungen berichtet, für befriedigte Bedürfnisse und (körperliches) Wohlbefinden Sorge zu tragen, da unbefriedigte Bedürfnisse nach Ansicht der Mitarbeitenden häufig Anspannung und herausforderndes Verhalten bedingen. Dies betrifft auf der einen Seite eher körperbezogene Bedürfnisse, wie Schlaf, Sauberkeit, Essen und Trinken. Aber auch Schmerzen, welche aufgrund eingeschränkter verbalsprachlicher Kompetenzen teils nicht verständlich mitgeteilt werden können, sind an dieser Stelle zu nennen. Auf der anderen Seite geht es hier auch um das Bedürfnis nach Selbstbestimmung, Zuwendung und darum, das Ausleben von Interessen und Lieblingsbeschäftigungen zu ermöglichen.

> Ja, indem man ihr halt teilweise auch das gibt, was sie einfordert, weil das anders nicht aufhört. Sie fordert Aufmerksamkeit ein und wenn man sie ihr dann gibt, dann ist es auch wieder gut. (E19, 47)

Da viele Kinder und Jugendliche große Schwierigkeiten haben, Bedürfnisse aufzuschieben, ist es laut den Befragten wichtig, flexibel und rasch auf die Bedürfnisse einzugehen, um die Entstehung oder Aufrechterhaltung von herausforderndem Verhalten zu verhindern. Wartesituationen sollen möglichst vermieden werden. Außerdem ist es aus der Sicht von Mitarbeitenden wichtig, äußerst aufmerksam in Bezug auf das situative Verhalten und Erleben und möglicherweise unbefriedigter Bedürfnisse zu sein. Es gilt in diesem Zusammenhang zudem, einen großen Aufwand darauf zu verwenden, Kommunikationsversuche ernst zu nehmen und Mitteilungen von Bedürfnissen zu verstehen. Eingeschränkte (verbal-)sprachliche Kompetenzen führen allerdings häufig dazu, dass sich den Mitarbeitenden die Anliegen und der Willen der Kinder und Jugendlichen nur erschwert erschließen. Dafür bedarf es auf Seiten der Mitarbeitenden einer gewissen „geistigen Frische"; ausreichende arbeitsfreie Tage werden als förderlich genannt.

Hohe personelle und großzügige räumliche Ressourcen ermöglichen es nach Ansicht von Mitarbeitenden, den Kindern und Jugendlichen bedürfnisbezogene Angebote zu machen. Für das Erkennen von und Eingehen auf unbefriedigte Bedürfnisse ist es laut Mitarbeitenden häufig nötig, das jeweilige Kind gut und lange zu kennen; hohe Personalfluktuation ist dabei laut den Befragten wenig hilfreich.

Förderung von Kompetenzen

Zudem können auch klientelzentrierte Maßnahmen identifiziert werden, mit denen an Ressourcen angeknüpft und Fähigkeiten der Kinder und Jugendlichen gefördert werden sollen. Aufgrund häufig eingeschränkter kommunikativer Kompetenzen wird oftmals versucht, die Kommunikation zu unterstützen bzw. zu fördern; in sonder- und heilpädagogischen Kontexten spricht man hier von Unterstützter Kommunikation (UK). In diesem Zusammenhang ist zum Beispiel die Einführung von Gebärden, Bildkarten, Symbolen oder konkreten Objekten (z.B. Schuh für Spazierengehen) zu nennen. Die Bedeutung kommunikativer Kompetenzen in Bezug auf die Mitteilung von Bedürfnissen und hinsichtlich der Entstehung von herausforderndem Verhalten wurde im letzten Absatz bereits verdeutlicht. Außerdem werden vereinzelt Maßnahmen genannt, mit denen selbstregulative und soziale Kompetenzen gefördert werden sollen. Hier sind zum Beispiel die Einführung von Ritualen, mit welchen in Erregungszuständen Anspannung abgebaut werden soll (z.B. Klatschen mit den Händen), und das Ermöglichen von positiven sozialen Erfahrungen mit Gleichaltrigen zu nennen.

In Bezug auf die Förderung von Kompetenzen ist es laut den Mitarbeitenden wichtig, die Förderziele langfristig zu verfolgen, da sich Fortschritte oft erst im Laufe der Zeit einstellen.

> Aber es braucht jetzt viel Geduld auch von uns und viel Ausdauer, dass man das nicht aufhört, weil man sagt, das bringt eh nichts. Also das ist ganz oft so, dass man bestimmte Sachen einführt und dann hat man keinen Erfolg und dann hört man eigentlich viel zu früh wieder auf. Weil gerade diese Autisten brauchen einfach sehr lange bis irgendwas ankommt richtig, ja. (E15, 50)

Reduzierung von Anforderungen

Außerdem wird in den meisten Fällen angegeben, dass man darauf achtet, die Anforderungen, die an die Kinder und Jugendlichen gestellt werden, zu reduzieren oder gering zu halten. So wird vermutet, dass herausforderndes Verhalten häufig aufgrund von Überforderung und Frustrationserfahrungen auftritt (siehe 4.1.3). Dieses Vorgehen wird insbesondere in Phasen mit hohem Anspannungsniveau als angemessen erachtet. Die genannten Anforderungen können sich dabei auf die Erwartungen, die Mitarbeitende auf das

Verhalten der Kinder und Jugendlichen richten, beziehen. Es gilt laut den Befragten, auch einmal einzelne herausfordernde Verhaltensweisen zu übergehen und sich abwartend und deeskalierend zu verhalten. Hier zeigt sich ein gewisses Spannungsverhältnis zu dem positiv beurteilten konsequenten Auftreten (siehe oben: Interaktions- und Beziehungsgestaltung); es wird berichtet, dass es häufig schwierig ist, ein angemessenes Maß zu finden. Auch Zeitdruck, Wartesituationen und eine zu große Anzahl an Auswahlmöglichkeiten (z.B. hinsichtlich Kleidung, Aktivitäten) können eine Überforderung und somit Risikofaktoren in Bezug auf Anspannung und herausforderndes Verhalten darstellen. Dies wird laut den Mitarbeitenden nach Möglichkeit vermieden. In Bezug auf die Auswahlmöglichkeiten wird häufig die Anzahl der Möglichkeiten reduziert. Auch in diesem Fall bewegen sich die Mitarbeitenden also in einem Spannungsverhältnis – hier zwischen der Vermeidung von Überforderung und der Maxime nach Selbstbestimmung.

Im Zusammenhang mit der Reduktion von Anforderungen ist zudem zu nennen, dass Mitarbeitende häufig äußern, zurückhaltend und vorsichtig mit Beschäftigungs- und Förderangeboten zu sein, um Überforderung und damit häufig einhergehendes herausforderndes Verhalten zu vermeiden. Dies scheint sowohl Förderangebote im engeren Zusammenhang mit herausforderndem Verhalten zu betreffen (z.B. Kommunikationsförderung) als auch anderweitige Angebote (z.B. neue Beschäftigungsangebote, Einbinden in hauswirtschaftliche Tätigkeiten). Oft wird daher als das wichtigste Betreuungsziel genannt, herausfordernde Verhaltensweisen und Eskalationen aufgrund der häufig massiven Gefährdungen zu vermeiden und zu deeskalieren. Förderziele oder Entwicklungsimpulse, die darüber hinaus gehen oder dieses Ziel nach Ansicht der Mitarbeitenden gefährden, haben eine eher untergeordnete Bedeutung.

Die Betreuungsziele? Das kann man relativ gut auf ein Minimum begrenzen. Ein ruhiger Tag ist ein guter Tag. Hört sich zwar super unfachlich an, weiß ich auch, aber es ist mit dem X einfach in/ der ist vom Verhalten her so schwankend und so schwierig, dass ich eigentlich so in die Richtung Betreuungsplanung oder Förderplanung nicht wirklich viel machen kann.

[...] Wir versuchen hier durch den Tag zu kommen mit so wenig wie möglich Verhaltensauffälligkeiten, Auto- oder Fremdaggressionen. (E33, 47)

In Bezug auf Entwicklungspotentiale und Betreuungsziele im Hinblick auf das herausfordernde Verhalten zeigt sich auf Seiten der Mitarbeitenden in der pädagogischen Arbeit mit einigen Kindern und Jugendlichen eine gewisse Resignation, da pädagogische Angebote herausforderndes Verhalten bedingen können, bisherige Vorgehensweisen nicht zu großen Entwicklungen beigetragen haben und da man häufig unschlüssig bezüglich weiterer Maßnahmen ist.

Nein, ich glaube, so die wichtigen Dinge sind passiert und der X wird immer der X bleiben. Ich denke, seine Unruhe und sein permanenter Erregungszustand, das wird sich nicht auflösen lassen. (E25, 87)

Es kann resümiert werden, dass unter den in diesem Abschnitt beschriebenen pädagogischen Maßnahmen sowohl solche Vorgehensweisen sind, die sich auf die Gestaltung der Umgebung beziehen, als auch andere, die stärker an den Kindern und Jugendlichen ansetzen und teilweise sogar die Förderung von Kompetenzen bezwecken (z.B. in Bezug auf Kommunikation und Selbstregulation). Allerdings scheint der Gestaltung der Umgebung besondere Bedeutung zuzukommen. Außerdem finden sich unter den Maßnahmen Vorgehensweisen mit präventiver, interventiver und postventiver Zielrichtung, wobei auf den präventiven Maßnahmen ein besonderer Fokus zu liegen scheint. Bei der Arbeit mit den Kindern und Jugendlichen nimmt also die vorausschauende Gestaltung des Kontextes besonders breiten Raum ein (z.B. Entzerren des Gruppenalltags, Reduzierung von Anforderungen; Umgebungsgestaltung, die Orientierung erleichtert).

Arbeit nach bzw. Orientierung an pädagogisch-therapeutischen Konzepten und Theorien

Für die Arbeit mit Kindern und Jugendlichen mit geistiger Behinderung und herausforderndem Verhalten besteht eine Reihe an – teils international verbreiteten – pädagogisch-therapeutischen Konzepten, Ansätzen und Verfahren mit teils unterschiedlichem theoretischem Hintergrund (Theunissen & Kulig, 2019, S. 23ff.).

Innerhalb der Stichprobe scheinen vor allem Vorgehensweisen verbreitet zu sein, welche auf einen höheren Grad der Orientierung und Übersichtlichkeit der Umgebung abzielen (z.B. durch Strukturierung und Visualisierung von Raum und Zeit); dies bezieht sich häufig auf Visualisierungen in Form von Wenn-dann-, Tages-Wochen-, Heimfahrt- oder Dienstplänen und die Einhaltung relativ unveränderlicher Abläufe. In diesem Zusammenhang wird häufig das Konzept TEACCH genannt (Treatment and Education of Autistic and related Communication handicapped Children). Wie bereits beschrieben ist es zudem äußerst verbreitet, mit Verstärkung bzw. den Prinzipien der Konditionierung zu arbeiten (siehe oben: Verstärkung und Konditionierung). Hier konnte in Interviews mit Mitarbeitenden allerdings keine Orientierung an konkreten Ansätzen, wie zum Beispiel Positive Behavior Support (PBS/PVU), Applied Behavior Analysis (ABA) oder anderen Verstärker-Programmen, identifiziert werden. Weit verbreitet ist außerdem die Orientierung an Präventions- und Deeskalationsprogrammen (z.B. ProDeMa), die ihren Fokus darauf richten, Eskalationen frühzeitig abzuwenden. In der Regel werden Angebote im Bereich Unterstützte Kommunikation (UK) gemacht, zum Beispiel durch die Förderung der Nutzung von Bildkarten, Symbolen oder Gebärden (siehe oben: Förderung von Kompetenzen).

Kooperation und interdisziplinäre Impulse

Abschließend wird auf kooperative Aspekte hinsichtlich der Entwicklung des individuellen Betreuungskonzepts und des Umgangs mit herausforderndem Verhalten eingegangen.

In Bezug auf die pädagogische Arbeit im Kontext herausfordernden Verhaltens wird von Mitarbeitenden die Bedeutung von intensiven gemeinsamen Verhaltensanalysen und von teaminterner Kommunikation über kritische Situationen hervorgehoben. An der Entwicklung des individuellen Betreuungskonzepts des Wohngruppenteams sind in der Regel aber auch weitere Professionen, die die Mitarbeitenden unterstützen, beteiligt. Dabei handelt es sich teils um einrichtungsinterne Ressourcen, teils um externe Kooperationspartner*innen (z.B. Supervision, Fortbildungen). In diesem Zusammenhang sind zum Beispiel pädagogische und psychologische Fachdienste, Deeskalationstrainer*innen oder sogenannte Autismusexpert*innen zu nennen. Fortbildende Angebote in Bezug auf psychiatrische Störungsbilder (z.B. Traumata, Bindungsstörungen) scheinen eher selten zu sein und werden befürwortet. Auch die Rolle psychiatrischer Kooperationspartner*innen bezieht sich neben der Einstellung der Medikation vereinzelt auch auf pädagogische Impulse; räumlich nahe psychiatrische Angebote und flexible Kommunikationsmöglichkeiten werden generell als wünschenswert erachtet.

Teilweise werden Maßnahmen auch in enger Zusammenarbeit mit dem jeweiligen Schulpersonal erarbeitet; in diesem Zusammenhang scheint eine räumliche Nähe zwischen den beiden Systemen zuträglich zu sein. Zeitliche Ressourcen für gemeinsame Reflexionszeiten scheinen allerdings grundsätzlich eher knapp zu sein. Der Zusammenarbeit und der Abstimmung der Lebensbereiche Schule und Wohnen wird in Bezug auf die Entstehung von herausforderndem Verhalten und den pädagogischen Umgang damit häufig eine hohe Bedeutung zugemessen.

Der Weiterentwicklung und Reflexion der individuellen Betreuungskonzepte liegen in allen Fällen ausführliche Vorfalls- und Tagesdokumentationen zugrunde (z.B. in Bezug auf herausfordernde Situationen, die Gabe von Psychopharmaka, FeM). Zusätzlich dazu erfolgt die Entwicklung von Maßnahmen in Bezug auf die soziale und emotionale Entwicklung teilweise auf Grundlage von standardisierten psychologischen Verfahren (z.B. SEN – Skala zur Einschätzung des Sozial-Emotionalen Entwicklungsniveaus; Hoekman, Miedema, Otten & Gielen, 2012).

Psychotherapeutische Angebote durch Therapeut*innen (z.B. in Bezug auf Traumata oder Bindungsstörungen) werden von den Mitarbeitenden bei den betreffenden Kindern und Jugendlichen nicht beschrieben. Derartige Angebote werden von Mitarbeitenden gegebenenfalls als wünschenswert erachtet, scheinen aber in der Arbeit mit dem Personenkreis in stationären Einrichtungen eine eher geringe Bedeutung zu haben. Die geringe Häufigkeit psychotherapeutischer Angebote könnte auf die hohen Anforderungen hinsichtlich Kognition und Kommunikation zurückzuführen sein (siehe auch Irblich, 2016, S. 117). Aber auch die Anzahl der Konzepte und der Therapeut*innen, welche spezialisiert auf die Arbeit mit Menschen mit (schwerer) geistiger Behinderung sind, scheint gering zu sein (siehe auch Irblich, 2016, S. 115). Wie im Absatz „Verstärkung und Konditionierung" beschrieben umfasst das Betreuungskonzept allerdings in der Regel durchaus verhaltenstherapeutische Elemente. Auch der weit verbreitete TEACCH-Ansatz (siehe oben: Arbeit nach bzw. Orientierung an pädagogisch-therapeutischen Konzepten und Theorien) stellt ein pädagogisch-therapeutisches Konzept dar.

Andere verbreitete therapeutische Angebote, wie zum Beispiel Ergo-, Physio,- Musiktherapie und Logopädie, haben nach Ansicht der Mitarbeitenden in erster Linie keine verhaltensmodifikatorische Zielrichtung;[8] sie sind allerdings dennoch häufig äußerst zuträglich für die Stimmung der Kinder und Jugendlichen (z.B. im Sinne von beliebten Beschäftigungen).

4.2.2 Anwendung freiheitsentziehender Maßnahmen – Bedingungen, Intentionen und Funktionen

Im Folgenden soll dargestellt werden, unter welchen Bedingungen und mit welchen Intentionen FeM in der pädagogischen Praxis mit dem betreffenden Personenkreis Anwendung finden und welche Funktionen FeM für die Beteiligten haben. Dabei kann es sich nicht um eine umfassende und erschöpfende Darstellung handeln. Der Zugang über die ausgewählten Einzelfälle ermöglicht aber die Darstellung typischer Konstellationen, durch die ein realis-

[8] Die genannten Therapieformen Ergo-, Physio-, Musiktherapie und Logopädie beanspruchen in erster Linie auch nicht für sich, eine verhaltensmodifikatorische Zielrichtung zu haben.

tisches Bild, das der Differenziertheit des Phänomens FeM gerecht wird, gezeichnet werden kann. Somit soll auf der einen Seite ein Verständnisrahmen für die nachfolgenden Ausführungen, welche sich mit Alternativen und Reduktionsbemühungen beschäftigen (4.2.3), und auf der anderen Seite für das Spannungsverhältnis, in dem sich Mitarbeitende häufig bewegen, geschaffen werden.

In der gewählten Stichprobe kommen oder kamen mit ...

- räumlichen FeM (z.B. Einschlüsse in sogenannten Auszeit- bzw. Kriseninterventionsräumen, im Zimmer der Kinder und Jugendlichen, in Betten mit sicherndem Aufbau),
- mechanischen FeM (z.B. Schutzanzüge, Schutzhelme, Rollstühle mit Fixiergurten, Fixierhandschuhe, Armorthesen) und
- physischen FeM (z.B. Festhalten) ...

verschiedene Formen von FeM zur Anwendung. Die bedeutendsten scheinen innerhalb des Samples – zumindest zahlenmäßig – die räumlichen FeM zu sein. Zudem wohnen die Kinder und Jugendlichen des Samples in geschlossenen Gruppen („Freiheitsentziehende Unterbringung", § 1631b BGB). Da geschlossene Gruppen aus der Sicht der befragten Pädagog*innen für den Umgang mit fremd- und autoaggressivem Verhalten, welches innerhalb der Stichprobe in Bezug auf herausfordernde Verhaltensweisen im Mittelpunkt steht, nur eine geringe Relevanz zu haben scheinen, werden diese im Folgenden nicht thematisiert.

Es hat sich in Gesprächen mit den kooperierenden Einrichtungen gezeigt, dass in Abhängigkeit von den zuständigen Richter*innen Unterschiede auftreten können, was als richterlich genehmigungspflichtige FeM zu beurteilen ist; dies wird durch Stellungnahmen und Leitlinien von Verbänden unterstrichen (Bessenich & Hinz, 2018, S. 6; Bundesverband evangelische Behindertenhilfe e.V. [BeB], 2015, S. 5f.; BeB, 2016, S. 3f.; Dworschak, Ratz, Kapfer & Reiter, im Druck). In der Folge wird der Begriff FeM daher allgemein für Maßnahmen mit restriktivem Charakter verwendet – wohl wissend, dass in einzelnen Fällen Unterschiede bezüglich der Genehmigungspflicht einzelner Maßnahmen auftreten können. Im Folgenden wird also eine pädagogische – keine juristische – Perspektive auf das Phänomen eingenommen. Auf chemische FeM wird an dieser Stelle nicht eingegangen. Chemische FeM bzw. Psychopharmaka werden aufgrund ihres spezifischen Charakters im Vergleich zu räumlichen, mechanischen und physischen restriktiven bzw. freiheitsentziehenden Maßnahmen unter dem Gliederungspunkt 4.2.4 thematisiert.

Im Folgenden wird beschrieben, unter welchen Bedingungen und mit welchen Intentionen FeM angewendet werden und welche Funktionen sie für die Kinder und Jugendlichen haben. Zunächst wird in diesem Zusammenhang näher auf räumliche FeM, dann auf mechanische und physische FeM eingegangen. Anschließend werden typische Phänomene und Schwierigkeiten im Zusammenhang mit der Anwendung von FeM allgemein thematisiert.

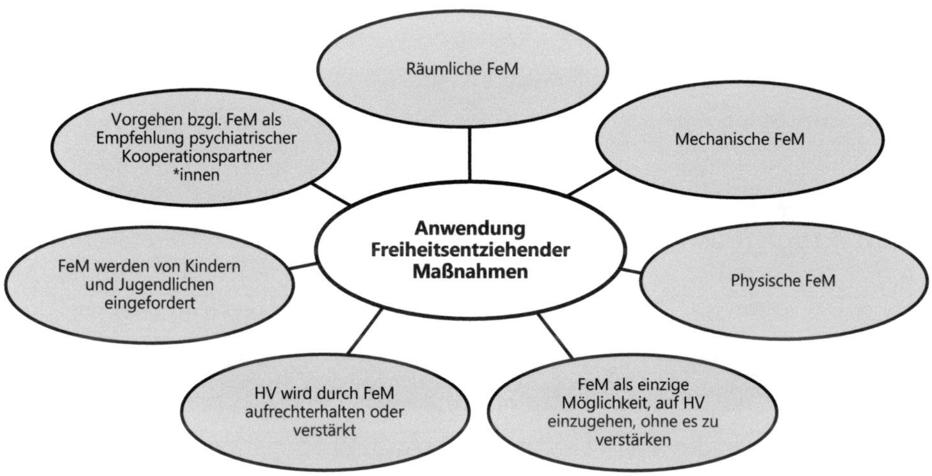

Abbildung 7. Analyseergebnisse im Zusammenhang mit der Anwendung von FeM

Räumliche FeM

Schutz vor Fremdgefährdung

Einschlüsse in eigens dafür zur Verfügung stehenden Räumen, im Zimmer der jeweiligen Kinder und Jugendlichen oder in Betten mit sicherndem Aufbau werden innerhalb der Stichprobe unter der Bedingung massiver und fortgesetzt auftretender fremdaggressiver Verhaltensweisen gegenüber Mitbewohner*innen und Mitarbeitenden angewendet. Die Dauer des Einschlusses wird dabei von der Entwicklung des Anspannungsniveaus abhängig gemacht. Ziel ist es, andere Kinder und Jugendliche und die Mitarbeitenden vor Verletzungen und Aggressionen zu schützen; dieser Zweck ist vor allem unter der Bedingung von ausgeprägter Körpergröße und -kraft der Kinder und Jugendlichen von großer Bedeutung.

Welchen Zweck hat dieser Auszeitraum in der Situation dann für euch oder auch für ihn? – Ja einfach schützend. Also einfach schützend vor allem gegenüber dem Betreuer und auch den Mitbewohnern. Weil er schmeißt ja dann, wenn er so sachaggressiv ist, seinen Stuhl durch die Gegend, und er haut uns ja, er haut richtig zu. (E15, 29f.)

Entspannung durch Einschlüsse zur Reduzierung des Reizniveaus und Abschottung von Risikofaktoren

Aber auch unter der Bedingung von Autoaggressionen, fremdaggressivem Verhalten bei geringerer Körperkraft und zunehmender Anspannung werden teilweise Einschlüsse in Auszeiträumen, in den Zimmern der Kinder und Jugendlichen und in Betten mit sicherndem Aufbau vorgenommen. Dies ist insbesondere dann der Fall, wenn kontextbezogene Risikofaktoren für herausforderndes Verhalten nicht auf andere Art und Weise abgewendet werden können. So bewirkt zum Beispiel ein Aufenthalt im Auszeitraum oder im Zimmer, dass das hohe Reizniveau, das auf der Gruppe vorherrscht und dem die jeweiligen Kinder und Jugendlichen ausgesetzt sind, reduziert wird. Diese Reduzierung von Reizen wird häufig als zuträglich dafür erachtet, dass sukzessive eine Beruhigung der Stimmung und des Verhaltens stattfinden kann. Einschlüsse werden dabei oftmals als die einzige Möglichkeit betrachtet, um situativ und rasch das vorherrschende Reizniveau zu reduzieren oder Risikofaktoren abzuwenden, bevor das Erregungsniveau weiter mit zu erwartenden schwerwiegenden Folgen für die beteiligten Kinder und Jugendlichen zunimmt. Häufig sind sich Mitarbeitende unschlüssig im Hinblick auf andere Möglichkeiten, einen Entspannungseffekt zu erzielen. Einschlüsse werden hierbei häufig als notwendig erachtet, da man vermutet, dass von manchen Kindern und Jugendlichen eine unverschlossene Tür als Zustand der Unsicherheit wahrgenommen wird. Teilweise wird angegeben, dass Einschlüsse von den Kindern und Jugendlichen sogar gefordert werden (siehe unten: FeM werden von Kindern und Jugendlichen eingefordert).

Die Mitarbeitenden bewegen sich also teilweise in einem Spannungsverhältnis zwischen einer Einschränkung der Handlungsfreiheit der Kinder und Jugendlichen durch restriktive Maßnahmen und den möglicherweise massiven Folgen für alle Beteiligten bei einer nicht rechtzeitigen oder ausbleibenden Anwendung derartiger Maßnahmen.

Vermeidung von Einschlüssen in den Zimmern der Kinder und Jugendlichen

Es wird in Situationen mit massivem fremd- und autoaggressivem Verhalten, in denen nach Ansicht der Befragten keine alternativen Handlungsoptionen anwendbar sind (z.B. bei hoher Körperkraft der Kinder und Jugendlichen), ein gepolsterter und gefährdungsarm eingerichteter Auszeitraum genutzt. Auf diese Weise soll zudem vermieden werden, dass zum eigenen Zimmer negative Assoziationen aufgebaut werden. Allerdings erlauben die räumlichen Bedingungen und Ressourcen auf den Wohngruppen nicht immer die Einrichtung eines solchen Raumes.

Präventive Einschlüsse

Unter Berücksichtigung des aktuellen Verhaltens und Erlebens – aber zu relativ festen Tageszeiten – werden bei manchen Kindern und Jugendlichen zudem Einschlüsse im Zimmer oder Bett vorgenommen. Hierbei handelt es sich um Pausen – abgeschirmt vom hohen Reizniveau auf der Gruppe –, die eine präventive Zielrichtung haben und auf einen Entspannungseffekt abzielen. Auf diese Weise wird versucht, das Auftreten von herausforderndem Verhalten im Tagesverlauf zu reduzieren. Diese Pausen finden dann mit Einschluss statt, wenn Mitarbeitende annehmen, dass ein Entspannungseffekt lediglich bei verschlossener Tür stattfinden kann, da eine nicht verschlossene Tür als ein Zustand der Unsicherheit wahrgenommen wird (siehe oben: Entspannung durch Einschlüsse zur Reduzierung des Reizniveaus und zur Abschottung von Risikofaktoren).

Auch hier bewegt sich das Handeln der Mitarbeitenden in dem bereits angesprochenen Spannungsverhältnis zwischen einer Einschränkung der Handlungsfreiheit und den zu erwartenden massiven Folgen für alle Beteiligten bei einer ausbleibenden Anwendung derartiger Maßnahmen. Aufgrund des präventiven Charakters der letztgenannten Maßnahme gilt es hier besonders, ihre Anwendung und Notwendigkeit fortlaufend zu reflektieren.

Mechanische und physische FeM

Mechanische FeM, wie Fixierhandschuhe, Rollstühle mit Gurten, Armorthesen, Schutzhelme mit Magnetverschluss und mit Visier, werden angewendet, um massive Selbstverletzungen zu verhindern (z.B. Sich-Beißen, Sich-Schlagen, Schlagen des Kopfes gegen Wände). In manchen Fällen können ohne diese Maßnahmen die Pflege und Versorgung ohne Selbstverletzungen nicht sichergestellt werden. Bei autoaggressivem Verhalten in hoher Kontinuität kann ein permanentes Tragen von Helm und Handschuhen nötig sein. Schützende, reißfeste Ganzkörperanzüge können ebenfalls zum Schutz vor selbstgefährdenden Verhaltensweisen Anwendung finden. Hier ist zum Beispiel das Schmieren mit Kot in die Gehörgänge zu nennen, wodurch (chronische) Entzündungen und Operationen bedingt werden können.

Physische FeM in Form von Festhalten an den Händen kommen innerhalb der Stichprobe ebenfalls vereinzelt zur Anwendung – ebenfalls zum Zweck der Gewährleistung von Pflege und Versorgung ohne Selbstverletzungen.

FeM als einzige Möglichkeit, auf HV einzugehen, ohne es zu verstärken

Wie gesetzlich vorgeschrieben wird innerhalb der Stichprobe nach Möglichkeit versucht, weniger restriktive bzw. möglichst milde Maßnahmen zu priorisieren, um die Anwendung von FeM zu vermeiden (z.B. durch Beschäftigungsangebote, Ablenken) (siehe 4.2.1). Das Vorgehen stößt allerdings unter bestimmten Bedingungen aus der Sicht der Pädagog*innen an seine Grenzen. Es wird in einzelnen Fällen vermutet, dass es sich bei herausforderndem Verhalten um gelerntes Verhalten handelt, das mitunter gezeigt wird, um die Aufmerksamkeit und Zuwendung von Mitarbeitenden zu erlangen. In diesen Fällen wird kontinuierliche Zuwendung und Aufmerksamkeit, um herausforderndes Verhalten abzuwenden, nicht als sinnvoll erachtet, da auf diese Weise eine Verstärkung des gezeigten Verhaltens stattfindet. Um diese Verhaltensweisen nicht zu verstärken, wird unter den beschriebenen Bedingungen zunächst bzw. relativ bald ein Zimmer- oder Betteinschluss vorgenommen. Unter der Bedingung, dass aufgrund einer vorliegenden Bindungsstörung ohnehin schon stark aufmerksamkeitsheischendes Verhalten gezeigt wird, stellt sich diese Problematik in besonderer Art und Weise. Permanente Zuwendung wird außerdem schon aufgrund des Personalschlüssels nicht als möglich erachtet. Auch hier zeigt sich also ein Dilemma zwischen zwei nicht zufriedenstellenden Lösungen bzw. Handlungsoptionen.

HV wird durch FeM aufrechterhalten oder verstärkt

Es treten allerdings auch Fälle auf, in denen durch die vorgenommene FeM (z.B. Einschluss, Schutzhelm) Anspannung und herausforderndes Verhalten (z.B. in Form von Schreien, Schlagen an die Tür, Entkleiden und Urinieren, Schlagen des Kopfes an den Boden, selbstinduziertes Erbrechen) zunächst verstärkt oder für eine gewisse Zeit aufrechterhalten werden. FeM bedingen in diesen Fällen also einen Zustand großen seelischen Leidens. Dies wird teilweise darauf zurückgeführt, dass herausforderndes Verhalten als Ausdruck des Widerwillens gegenüber der angewendeten FeM gezeigt wird (z.B. bei einem ausgeprägten Bedürfnis nach sozialer Eingebundenheit). Aber auch ein geringes Zeitverständnis kann der stimmungsregulierenden Intention eines Zimmereinschlusses diametral entgegenlaufen:

Dass er das halt eben vom Entwicklungsalter her, dass er gar nicht so lange warten kann, wie zehn Minuten, eine Viertelstunde oder so eine Pause im Zimmer/ Dass er vom/ einfach vom Entwicklungsalter her das gar nicht überreißt und schafft. (E36, 42)

Eine hohe Intensität der Übergriffe erschwert bzw. verunmöglicht eine Vermeidung von FeM aber dennoch oftmals. Hier zeigt sich also eine gewisse Hilflosigkeit und ein Dilemma auf Seiten der Mitarbeitenden, da zwischen der eigenen und der Unversehrtheit und dem Wohlbefinden der Kinder und Jugendlichen abgewogen werden muss und es zumindest situativ auch hier keine zufriedenstellende Lösung zu geben scheint. Der beschriebene Umstand, dass das herausfordernde Verhalten durch die jeweilige angewendete FeM verstärkt und aufrechterhalten wird und als Ausdruck des Widerwillens gezeigt wird, kann den Mitarbeitenden allerdings auch schlicht nicht bewusst sein.

An diesem Beispiel wird deutlich, welche enorme Bedeutung es vor allem bei Kindern und Jugendlichen mit eingeschränkten (verbal-)sprachlichen Kompetenzen hat, die Funktionen von und die Bedürfnisse hinter den als herausfordernd erlebten Verhaltensweisen zu eruieren.

FeM werden von Kindern und Jugendlichen eingefordert

Auf der anderen Seite treten auch Fälle auf, in denen angenommen wird, dass die Anwendung von FeM durch die Kinder und Jugendlichen eingefordert wird – sei es auf verbale Art und Weise oder durch auto- und fremdaggressive Verhaltensweisen. So wird berichtet, dass begrenzende Maßnahmen, wie zum Beispiel Aufenthalte in versperrten Betten und das Tragen von Helmen und Fixierhandschuhen, gerade wegen des engen Rahmens, der mit ihrer Anwendung verbunden ist, besonders in Erregungszuständen eine beruhigende

Wirkung auf das Erleben und Verhalten haben können. Die jeweiligen Maßnahmen bedingen möglicherweise aufgrund ihrer Enge und Begrenzung ein Gefühl der Sicherheit. Teils wird sogar das Nicht-Anwenden von mechanischen FeM – hier das Absetzen eines Helms oder das Nicht-Tragen einer Panzerweste – als bedingender Faktor herausfordernden Verhaltens beschrieben. Dies scheint vor allem bei Kindern und Jugendlichen mit schwerer kognitiver Beeinträchtigung eine Rolle zu spielen. Dabei kann teilweise nicht ausgeschlossen werden, dass das Einfordern von restriktiven Maßnahmen auf Lernprozesse zurückzuführen ist und gewissermaßen eine Gewöhnung an die jeweilige FeM stattgefunden hat.

Da eben hat die Mutter damals schon gesagt, als sie gekommen ist, die X, dass sie sich gewöhnt an so Sachen und dann fordert sie es ein. Also wenn sie was hat, das ist jetzt nicht, dass sie es braucht, sondern sie will es dann nur haben. Wenn wir irgendwas anfangen möchten, sollte man sich gut überlegen, ob man es auch haben möchte. Das ist dann schwierig zum Abgewöhnen. Aber es geht. (E20, 38)

Mit der Anwendung von FeM kann also die Befriedigung von spezifischen Bedürfnissen verbunden sein. Aufgrund des hohen Anteils von Kindern und Jugendlichen mit eingeschränkten (verbal-)sprachlichen Kompetenzen innerhalb des Personenkreises mit intensivpädagogischem Betreuungsbedarf sind die Mitarbeitenden häufig in hohem Ausmaß auf ihre Interpretationen in Bezug auf die Bedürfnisse hinter dem Verhalten angewiesen.

Vorgehen bezüglich FeM als Empfehlung psychiatrischer Kooperationspartner*innen

Häufig berufen sich die Mitarbeitenden in ihrem Vorgehen bezüglich FeM auf Empfehlungen seitens ihrer psychiatrischen Kooperationspartner*innen. Innerhalb der Stichprobe sind hier zum Beispiel Maßnahmen, wie reizreduzierte und gepolsterte Auszeiträume zur Vermeidung von Selbstverletzungen, Anwendung von Einschlüssen anstelle einer positiven Verstärkung von problematischen Verhaltensweisen, Pausen in Betten mit sicherndem Aufbau und die mitunter kontinuierliche Anwendung von Schutzhelmen und -handschuhen, zu nennen. Es sind also deutliche Bestrebungen der Einrichtungen festzustellen, sich hinsichtlich der Anwendung von FeM abzusichern. Eine Offenheit für Impulse von anderen Professionen – hier psychiatrische Kooperations-partner*innen – ist erkennbar.

4.2.3 Reduktion freiheitsentziehender Maßnahmen

Im Folgenden wird darauf eingegangen, welche Versuche Pädagog*innen in den kooperierenden Einrichtungen anstellen, um FeM zu reduzieren, zu vermeiden und um Alternativen zu entwickeln. Hierbei handelt es sich um Alternativen im engeren Sinne. Die Vorgehensweisen zielen also relativ direkt darauf ab, bestehende FeM zu reduzieren oder zu vermeiden. Unter dem Gliederungspunkt 4.2.1 wurde allgemeiner thematisiert, wie mit dem intensiv betreuten Personenkreis pädagogisch gearbeitet wird; dabei handelte es sich um Vorgehensweisen, welche sich primär auf herausforderndes Verhalten und eine langfristige Stabilisierung des Verhaltens und Erlebens beziehen, und somit gewissermaßen um Alternativen von FeM im weiteren Sinne.

Die folgenden Ausführungen sollen exemplarisch aufzeigen, auf welche Art und Weise Pädagog*innen versuchen, FeM zu vermeiden oder zu reduzieren, und welche Schwierigkeiten sich ihnen dabei stellen. Bei den geschilderten Vorgehensweisen handelt es sich nicht um universalgültige Handlungsrezepte. Aufgrund der Komplexität und Individualität der einzelnen Betreuungssituationen sind pauschale Aussagen diesbezüglich kaum möglich. Im Folgenden geht es also vielmehr darum, typische Phänomene und allgemeinere Prinzipien in diesem Zusammenhang darzustellen. Im Zusammenhang mit Alternativen zu und Reduktionsbemühungen von FeM konnten innerhalb der Stichprobe die folgenden Aspekte als typisch identifiziert werden.

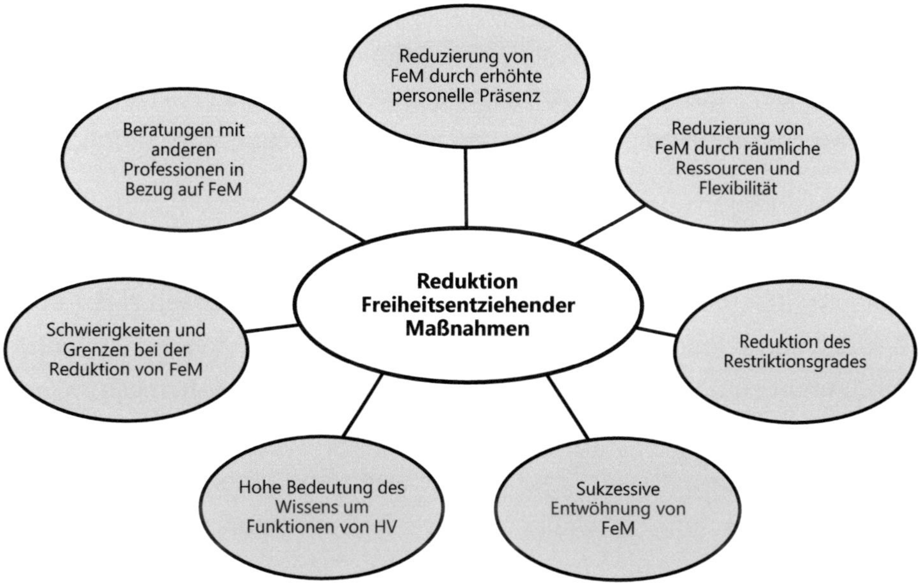

Abbildung 8. Analyseergebnisse im Zusammenhang mit der Reduktion von FeM

Reduzierung von FeM durch erhöhte personelle Präsenz

In der fachlichen und öffentlichen Diskussion wird häufig angeführt, dass FeM durch eine Erhöhung der Personalquote reduziert oder vermieden werden können. Auch in der vorliegenden Stichprobe finden sich dafür Anzeichen. So wird berichtet, dass Pädagog*innen gemeinsam mit Kindern und Jugendlichen mit erhöhtem Erregungszustand Zeit in Räumlichkeiten abseits des Gruppengeschehens verbringen (z.B. Auszeitraum, Zimmer der Kinder und Jugendlichen) und dort versuchen, diese zu beruhigen (z.B. durch beliebte Beschäftigungsangebote). Zudem können die Kinder und Jugendlichen auf diese Weise emotional während der kritischen Phase begleitet werden. Wie bereits unter 4.1.3 und 4.2.2 geschildert wird das hohe Reizniveau auf den Gruppen häufig als Risikofaktor in Bezug auf das Verhalten und Erleben der Kinder und Jugendlichen beschrieben. Auszeiträume oder die Zimmer der Kinder und Jugendlichen stellen nach Einschätzung der Mitarbeitenden gerade in Situationen mit hoher Anspannung oft die einzige Möglichkeit dar, dieses Reizniveau rasch zu reduzieren; die Mitarbeitenden sind sich häufig unschlüssig im Hinblick auf andere Möglichkeiten, einen Entspannungseffekt zu erzielen. Gemäß dem geschilderten Vorgehen findet also eine Abschirmung von Risikofaktoren statt, auch ohne dass Einschlüsse angewendet werden. Unter der Bedingung von massivem fremdaggressivem Verhalten bei großer Körperkraft ist dieses Vorgehen allerdings nicht immer möglich.

Eine weitere Möglichkeit FeM zu reduzieren, besteht darin, bei Zimmerpausen mit dem Zweck der Entspannung und Reizreduktion auf Einschlüsse zu verzichten, indem die Kinder und Jugendlichen bei Verlassen des Raumes (z.B. aus Neugier oder Unsicherheit) konsequent verbal angehalten werden, in ihr Zimmer zurückzukehren. Wie bereits in 4.2.2 beschrieben wird nämlich angenommen, dass eine unverschlossene Tür von manchen Kindern und Jugendlichen als Zustand der Unsicherheit wahrgenommen wird. Nach einer Zeit konnte bei einem Einzelfall eine gewisse Gewöhnung an die Nicht-Anwendung der FeM beobachtet werden, sodass Zimmerpausen ohne ein Gefühl der Unsicherheit aufgrund der unverschlossenen Tür – aber mit Entspannungseffekt – stattfinden konnten. Dafür können eine Vielzahl an Personal- und Aufmerksamkeitsressourcen nötig sein. Dieses Vorgehen bezieht sich außerdem stark auf Sprache und ein hohes Maß an Reflexions-fähigkeit und ist aufgrund dessen wohl vor allem bei Kindern und Jugendlichen mit leichteren kognitiven Beeinträchtigungen eine Handlungsoption. Die Reduktion oder Vermeidung von FeM ist durch ein hohes Maß an Zuwendung und Aufmerksamkeit seitens der Mitarbeitenden in vielen Fällen also zumindest teilweise möglich. Bei den geschilderten Strategien handelt es sich um Vorgehensweisen, die einen äußerst hohen Personalaufwand erfordern. Dieser hohe Personalaufwand ist nicht immer leistbar mit den vorhandenen personellen Ressourcen. Oft werden hierfür zusätzliche Personalstunden beantragt.

Reduzierung von FeM durch räumliche Ressourcen und räumliche Flexibilität

Neben personellen Ressourcen haben sich bei den Bestrebungen, FeM zu reduzieren, auch räumliche Ressourcen und räumliche Flexibilität als bedeutend herausgestellt. So konnten in einem Fall Einschlüsse in einem Bett mit sicherndem Aufbau durch die Einrichtung eines zusätzlichen Zimmers, welches ausschließlich und jederzeit dem Kind bzw. der/dem Jugendlichen als Pausenzimmer zur Verfügung stand, vermieden werden. Man vermutete, dass durch das Bett, welches maßgeblich zu einer Reduzierung von Anspannung beigetragen hatte und welches von dem Kind bevorzugt aufgesucht worden war, ein Gefühl der Sicherheit und Geborgenheit vermittelt worden war. Mit Pausen oder Einschlüssen in dem zusätzlichen Zimmer als Alternative wurde versucht, Einschlüsse im Bett mit sicherndem Aufbau sukzessive zu reduzieren, was zumindest zeitweise gelang. In einem anderen Beispiel wurde beabsichtigt, mechanische FeM (z.B. Armorthesen, Helm), welche bisher bei autoaggressiven Verhaltensweisen (z.B. Schlagen des Kopfes gegen Wände) angewendet worden waren, durch die Einrichtung eines gepolsterten Raumes als Alternative zu reduzieren. Den beschriebenen mechanischen FeM wurde im Vergleich zu dem gepolsterten Raum ein restriktiverer Charakter zugeschrieben. In den beiden geschilderten Beispielen werden also Maßnahmen, welche als äußerst restriktiv beurteilt werden, durch Maßnahmen, die die Handlungsmöglichkeiten in geringerem Maße einschränken, ersetzt; auf dieses Vorgehen wird noch genauer eingegangen (siehe unten: Reduktion des Restriktionsgrades). Es ist zudem anzumerken, dass nicht jede Wohngruppe über derartige räumliche Möglichkeiten und räumliche Flexibilität verfügt. Die Bedeutung von räumlichen Bedingungen für den Umgang mit herausforderndem Verhalten wurde auch in 4.2.1 thematisiert.

Reduktion des Restriktionsgrades

Wenn die Mitarbeitenden der Meinung sind, dass FeM aufgrund der Intensität des herausfordernden Verhaltens nicht (vollständig) vermieden werden können, wird in einigen Fällen versucht, FeM durch Maßnahmen zu ersetzen, welche als weniger restriktiv beurteilt werden. Es geht also in diesem Fall zunächst darum, Maßnahmen mit ähnlicher oder gleicher Funktion für die Kinder und Jugendlichen, aber mit geringerem Restriktionsniveau zu finden. Welche Maßnahmen von den Kindern und Jugendlichen als einschneidender und restriktiver erlebt werden, ist abhängig vom individuellen Erleben und muss gründlich eruiert werden.

Wie bereits im vorangegangenen Absatz beschrieben (siehe oben: Reduzierung von FeM durch räumliche Ressourcen und räumliche Flexibilität) konnten zum Beispiel Einschlüsse in einem Bett mit sicherndem Aufbau, was als eine äußerst restriktive Maßnahme beurteilt wird, vermieden werden – durch eine Pause oder einen Einschluss in einem Zimmer, welches aufgrund seiner Größe als weniger restriktiv und eingrenzend beurteilt wurde. Auf diese Weise wurden durch den Verzicht von Einschlüssen im Bett ein höheres Maß an Handlungsfreiheit und dennoch ein Spannungsabbau abseits des Gruppengeschehens ermöglicht. Auch das bereits beschriebene Beispiel von der Einrichtung eines gepolsterten Raumes zur Abwendung von Selbstgefährdung bei Autoaggressionen (z.B. Schlagen des Kopfes an Boden und Wände) ist hier zu nennen. In diesem Fall wurde versucht, eine FeM (Schutzhelm) zunächst durch eine weniger einschneidende FeM (gepolsterter Raum) zu ersetzen.

Zudem ist zu nennen, dass sich Mitarbeitende in Situationen mit zunehmendem Erregungsniveau auf Seiten der Kinder und Jugendlichen teilweise dazu entscheiden, relativ früh restriktiv zu handeln (z.B. durch einen Einschluss, eine Zimmerpause oder eine Auflösung der Situation), um eine Eskalation und ein restriktiveres Handeln zu einem späteren Zeitpunkt mit voraussichtlich schwer-wiegenden Konsequenzen in Bezug auf die körperliche Integrität und das seelische Wohlbefinden der Kinder und Jugendlichen zu vermeiden.

Ein anderes häufig beobachtetes Vorgehen, mit dem versucht wird das Restriktionsniveau von Maßnahmen zu reduzieren, besteht darin, die jeweiligen Maßnahmen zumindest zunächst noch anzuwenden – allerdings ohne Verschluss (z.B. Helm, Zimmerpausen). Auf diese Weise erfüllen die Maßnahmen zunächst noch den gleichen Effekt für die Kinder und Jugendlichen (z.B. Vermittlung von Sicherheit, Entspannung durch Reizreduzierung).

[...] also der Auszeitraum wird nicht zugesperrt. Den bieten wir ihm an oder sagen ihm, er soll sich hinsetzen. Wir bleiben dann schon da/ also wir machen die Tür dann schon zu und bleiben davorstehen. Dass wenn er dann wiederkommt, dass wir sagen „X, hast Du dich beruhigt oder bleibst noch bisschen drin?" [...] meistens nimmt er es dann doch an und dann bleibt er ein bisschen drin. Aber da ist kein Druck dahinter. Er kann das auch genauso nicht annehmen. (E20, 24)

Sukzessive Entwöhnung von FeM

Wie in 4.2.2 beschrieben wird in einigen Fällen angenommen, dass eine Art Gewöhnung an FeM stattgefunden hat. So wird berichtet, dass in einigen Fällen Kinder und Jugendliche nach der Anwendung bestimmter FeM verlangen. Forderungen nach der Anwendung wird teils mit herausforderndem Verhalten Nachdruck verliehen, so die Interpretation von Mitarbeitenden. Beispiele zeigen, dass in diesen Fällen sukzessiv auch eine Entwöhnung stattfinden kann. Die Dauer solcher Prozesse wird häufig mit der Schwere der kognitiven Beeinträchtigung und mit psychiatrischen Diagnosen, wie zum Beispiel der Autismus-Spektrum-Störung, in Zusammenhang gebracht.

Ich glaube, die schafft das. Ich sage jetzt mal, der Mensch ist ja ein Gewohnheitstier, das kennen wir privat ja auch. Aber das ist halt ein Prozess. Und bei Menschen mit massiven geistigen Behinderungen ist es einfach ein längerer Prozess. Und wie gesagt, ich glaube auf jeden Fall, dass das die X schafft und dass sie sich da vollends daran gewöhnen kann [an die Reduzierung von FeM – Anm. d. Verf.]. Ob das jetzt in einem halben Jahr oder ob das erst in eineinhalb Jahren ist, das kann ich natürlich nicht sagen. Aber prinzipiell glaube ich, schafft sie das. (E32, 60)

Bei Kindern und Jugendlichen, die die jeweilige FeM mit großer Vehemenz einfordern, wird versucht, die Anwendung tendenziell langsam und nach und nach zu reduzieren. So wurde in einem Fall zunächst tagsüber während der Pausen auf das Bett mit sicherndem Aufbau verzichtet, um mittel- und langfristig auch nachts darauf verzichten zu können. Es ist zu beobachten, dass während der Umstellungsphase häufig verstärkt herausforderndes Verhalten gezeigt wird. Dies wurde im beschriebenen Beispiel auf den größeren Rahmen im neuen Pausenzimmer zurückgeführt, welchem eine vergleichsweise beunruhigende Wirkung zugeschrieben wurde. Im Laufe der Zeit konnte allerdings eine Gewöhnung an die neuen Umstände stattfinden.

Und so wollen wir eigentlich Schritt für Schritt mal von diesem Kayserbett beziehungsweise von dieser FeM einfach auch wegkommen. Und, ich sage jetzt mal, mittel- bis langfristiges Ziel wäre natürlich, dass X seine Nachtruhe auch in diesem Zimmer dann macht und das Kayserbett dann komplett verabschiedet wird. (E32, 38)

Es finden sich in der Stichprobe aber auch Beispiele, bei denen ein plötzlicher Verzicht auf die Anwendung von FeM stattfindet; auch hier wurde teils sukzessive akzeptiert, dass bestimmte Maßnahmen nicht mehr zur Anwendung kommen.

Also ob es jetzt diese Fixierhandschuhe waren oder der Rollstuhl mit den Gurten, haben ja alles nicht langsam abgefahren, sondern haben wir ja alles von einem Tag auf den anderen mal ohne probiert. [...] Also das habe ich in den letzten Wochen vielleicht noch einmal gehört, dass sie Handschuhe gesagt hat, wenn sie jetzt sehr angespannt ist. Aber die sind dann irgendwie aus dem Fokus geraten und dann braucht sie die auch nicht mehr. Genauso die Handgurte auf dem Rollstuhl [...] Im Endeffekt kann sie es dann verkraften. (E20, 32-40)

Die Gewöhnung an die Nicht-Anwendung von FeM kann – wie bereits erwähnt – mit einem hohen Aufwand (z.B. in Bezug auf Personal- und Aufmerksamkeitsressourcen der Mitarbeitenden) verbunden sein und sich über einen längeren Zeitraum erstrecken.

Grundsätzlich gilt es auch hier, gründlich zu reflektieren, welche Funktionen und welche Bedeutung die Maßnahmen, auf die verzichtet werden soll, gegebenenfalls für die Kinder und Jugendlichen haben, um durch das pädagogische Handeln nicht sogar herausforderndes Verhalten zu bedingen (z.B. wenn durch eine FeM ein Gefühl der Sicherheit vermittelt wird); die jeweilige Funktion und Bedeutung der FeM für die Kinder und Jugendlichen müssen bei der Entwicklung möglicher Alternativen berücksichtigt werden.

Hohe Bedeutung des Wissens um Funktionen von HV

Wie bereits in 4.2.2 thematisiert konnten allerdings auch Hinweise dafür gefunden werden, dass die FeM selbst zur Aufrechterhaltung und Verstärkung von herausforderndem Verhalten beitragen können. In diesen Fällen stehen FeM den Bedürfnissen der Kinder und Jugendlichen diametral entgegen, sodass nach Einschätzung der befragten Mitarbeitenden das resultierende herausfordernde Verhalten als Ausdruck des Protests zu verstehen ist. Hier ist zum Beispiel das Bedürfnis nach sozialer Eingebundenheit zu nennen, dem Zimmereinschlüsse entgegenlaufen.

Es hat sich im Zusammenhang mit der Reduktion von FeM also als äußerst bedeutend herausgestellt, die Funktionen und bedingenden Faktoren herausfordernden Verhaltens gründlich zu eruieren. Es kann geschlussfolgert werden, dass es zu diesem Zweck umfänglicher zeitlicher Ressourcen für intensive teaminterne funktionale Verhaltensanalysen bedarf.

Schwierigkeiten und Grenzen bei der Reduktion von FeM

Es hat sich gezeigt, dass durch die beschriebenen Vorgehensweisen teilweise eine Reduktion von FeM und ein Zuwachs an Handlungsspielraum erreicht werden können. Zu diesem Zweck kann ein hoher Aufwand in Bezug auf das Personal und räumliche Ressourcen nötig sein. Allerdings scheinen Mitarbeitende in Bezug auf ihre Reduktionsbemühungen mitunter – zumindest kurz- und mittelfristig – auch an Grenzen zu stoßen. Dies scheint besonders dann der Fall zu sein, wenn in Bezug auf die bedingenden Faktoren herausfordernden Verhaltens eine gewisse Ratlosigkeit besteht.

Teilweise werden aufgrund des gezeigten Verhaltens und der Anspannung Reduktionen von FeM wieder rückgängig gemacht. Der gewonnene Handlungsspielraum im Zuge der Reduzierung von FeM wird in diesem Zusammenhang teilweise als Überforderung für die Kinder und Jugendlichen interpretiert. So konnte in einem Fall eine deutliche Entspannung des Verhaltens und Erlebens im Zuge einer Wiedereinführung von Einschlüssen beobachtet werden.

Des Weiteren muss konstatiert werden, dass – wie bereits erwähnt – Körpergröße und -kraft in hoher Ausprägung (aufgrund der Verletzungsgefahr) Reduktionsbemühungen deutlich erschweren. Auch das Problem, intensive herausfordernde Verhaltensweisen ohne FeM (z.B. Helm, Einschlüsse) abzuwenden und gleichzeitig nicht das Verhalten positiv mit Aufmerksamkeit zu verstärken (z.B. durch Zuwendung), scheint sich in der Praxis häufig zu stellen.

Beratungen mit anderen Professionen in Bezug auf FeM

In Bezug auf die geschilderten Bemühungen, FeM zu reduzieren und zu vermeiden, findet in der Regel ein Austausch mit anderen Professionen, wie Psychiater*innen, Fachdiensten und zum Beispiel Autismusexpert*innen, statt. Maßnahmen, wie die beschriebene Polsterung von Räumen als Alternative zu mechanischen FeM, werden häufig auf Anraten oder nach dem Vorbild psychiatrischer Kliniken, in denen die Kinder und Jugendlichen stationär untergebracht gewesen waren, initiiert.

4.2.4 Gabe von Psychopharmaka

Alle Kinder und Jugendlichen der Stichprobe sind von der Gabe von Psychopharmaka betroffen. Im Folgenden soll aufgezeigt werden, welche Aspekte sich in diesem Zusammenhang innerhalb der Stichprobe als typisch herausgestellt haben.

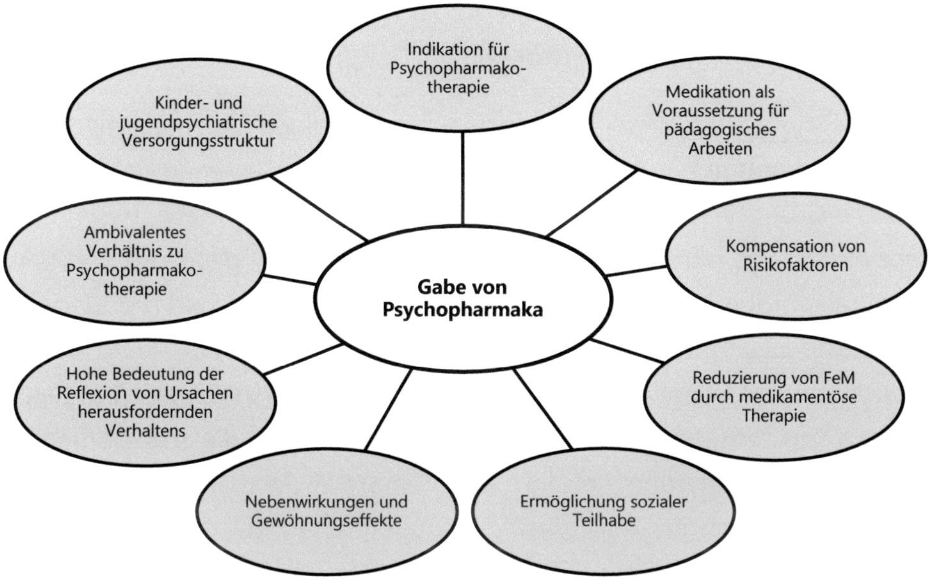

Abbildung 9. Analyseergebnisse im Zusammenhang mit psychopharmakologischer Therapie

Indikation für psychopharmakologische Therapie

Typischerweise werden Medikamente der Wirkstoffgruppen Neuroleptika (Ausgleich und Dämpfung affektiver Anspannung und psychomotorischer Erregungszustände, antipsychotische Wirkung) und Antidepressiva (stimmungsaufhellend, antriebssteuernd) verabreicht sowie angstlösende, emotional entspannend, sedierend wirkende Tranquilizer. Zudem werden mit dem Ziel der Verhaltensbeeinflussung bei Kindern und Jugendlichen mit Epilepsie in manchen Fällen stimmungsregulierende Nebenwirkungen von Antikonvulsiva (Medikamente zur Behandlung epileptischer Erkrankungen) genutzt. Häufig setzt sich die psychopharmakologische Therapie aus Festmedikation (auch Dauer- oder Basismedikation genannt) und bedarfsorientierten Medikamenten zusammen. Nur in wenigen Fällen kommt ausschließlich Bedarfsmedikation zum Einsatz.

Im Rahmen der Stichprobe kommen stimmungsregulierende Medikamente unter der Bedingung krisenhaften Verhaltens und Erlebens (z.B. langfristig erhöhte Grundanspannung, schwerwiegende Stimmungsschwankungen, massives auto- und fremdaggressives Verhalten) und psychiatrischer Störungsbilder (siehe 4.1.1) zur Anwendung.

Bei gut eingestellter Medikation zeigen sich in einigen Fällen positiv bewertete Veränderungen im Verhalten und Erleben. Mitarbeitende nehmen eine stabilere Grundverfassung der Kinder und Jugendlichen wahr, beschreiben diese als offener, interessierter und flexibler, weniger angespannt und unruhig; herausfordernde Verhaltensweisen in Form von auto- und fremdaggressivem oder zwanghaftem Verhalten treten seltener auf; auch eine positive Entwicklung des Schlafverhaltens wird berichtet. Gleichzeitig werden die positiven Verhaltensänderungen oftmals nicht allein auf die medikamentöse Einstellung zurückgeführt, sondern auf mehrere Wirkvariablen, zum Beispiel auf Veränderungen im individuellen pädagogischen Konzept und Umgang und auf entwicklungs- oder reifungsbedingte Veränderungen.

Also das Ansetzen von Medikation, so muss man das sagen, dass ihr das wirklich guttut, dass das schon ihr Verhalten etwas reguliert. Ich glaube aber auch, dass die Ferien sehr gut waren, also einfach so ein bisschen weniger Reize, weniger Druck, weniger Anforderung. [...] Also ich glaube, dass da einfach mehr Sachen zusammenkommen. Also, dass sie jetzt einfach schon länger da ist und dann die Medikation dazu und weniger Anforderungen. (E15, 8f)

Die Gabe bedarfsorientierter Medikation wird bei hohem, sich über den Tagesverlauf steigerndem Anspannungsniveau mit fremd- oder autoaggressivem Verhalten, welches durch vorausgehende pädagogische Interventionen nicht reduzierbar erscheint, und bei wahrgenommenem Steuerungsverlust für notwendig erachtet. Durch die Abwendung von Eskalationen soll eine emotionale Belastung vermieden werden.

Er braucht relativ viel Bedarfsmedikation. So alle zwei, drei Tage braucht er einmal, zweimal, wenn er so ganz übergriffig ist, dass man es gar nicht mehr rausfindet, dann sind wir auch recht viel mit dem Bedarf dabei, weil/ also das merkt man gleich. Wenn er sich da so reinsteigert und immer mehr, dann geht es ihm auch nicht gut und da erkennt man einen gewissen Leidensdruck dann von ihm aus, dass er sich nicht mehr beruhigen kann. Da hilft dann die Bedarfsmedikation. (E20, 54)

In Abhängigkeit von dem emotionalen Zustand der Kinder und Jugendlichen unterliegt diese zusätzliche bedarfsorientierte Anwendung von Medikation innerhalb der Stichprobe Schwankungen von einer mehrmals täglichen Gabe zu mehrwöchig oder monatelang keiner Gabe. Der Einsatz bedarfsorientierter Medikation wird im Rahmen der Stichprobe unterschiedlich gehandhabt. Teilweise wird eine tendenziell präventive, frühe Gabe von Seiten der psychiatrischen Dienste empfohlen und seitens der Mitarbeitenden unterstützend erlebt, da krisenhafte Eskalationen vermieden werden können.

Man muss natürlich schon sagen, man sollte es auch geben, bevor es eskaliert. Also damit man ihr eben so Situationen auch sparen kann. Bevor sie die Mitbewohner dann angreift vielleicht. (E20, 60)

Bei diesem Vorgehen zeigt sich, dass Mitarbeitende Handlungssicherheit zurückgewinnen, den Kindern und Jugendlichen weniger angstgeleitet begegnen und aufgrund der eigenen Sicherheit mehr Teilhabeangebote gestalten. In anderen Fällen wird die Gabe bedarfsorientierter Medikation erst nachrangig als letztmögliche Intervention in krisenhaften Situationen gewählt, da die Wirkung als stark sedierend, Teilhabe einschränkend und gegenläufig zum pädagogischen Anspruch des Personals erlebt wird.

Und wir möchten den ja auch nicht, ja, dementsprechend einfach nur sedieren. [...] Sondern der soll ja nach wie vor am Leben ein bisschen teilhaben. (E33, 74f)

Zuletzt sehen sich Mitarbeitende auch immer wieder in einem Dilemma in Bezug auf die Gabe von Bedarfsmedikation – aufgrund ihrer verzögerten Wirkung und der schwer vorhersehbaren Intensität und Dauer von Anspannungs- und Erregungszuständen.

Medikation als Voraussetzung für pädagogisches Arbeiten

Unter der Bedingung massiv krisenhafter Verfassungen, welche sich in Form von fortwährend hoher Grundanspannung und massivem herausforderndem Verhalten zeigen, erleben Mitarbeitende die Gabe psychopharmakologischer Medikation bzw. deren stimmungsstabilisierende Wirkung als Voraussetzung für pädagogische Handlungsräume. So werden teilweise krisenhafte psychische Zustände beschrieben, in welchen massive auto- oder fremdaggressive Verhaltensweisen das Verhalten der Kinder und Jugendlichen prägen und vermeintlich kleinste pädagogische Angebote zu emotionaler Überforderung und Rückzug führen. Mitarbeitende beschreiben, an Grenzen der pädagogischen Einflussnahme zu stoßen. In diesen Situationen wird psychopharmakologische Therapie als notwendig erachtet, um psychische Stabilisierung als vorrangiges Betreuungsziel zu erreichen, sodass infolge dessen eine Öffnung der Kinder und Jugendlichen für pädagogische Angebote wieder möglich wird.

Da war ja schon gar nichts mehr pädagogisch zu lösen. Da war ja gleich immer eine Gegenreaktion oder irgendwie, ja. (E36, 54)

Kompensation von Risikofaktoren

Es wird berichtet, dass umfeldbezogene Risikofaktoren unter der Bedingung medikamentöser Therapie teilweise als weniger wirkmächtig wahrgenommen werden. Mitarbeitende beschreiben die Kinder und Jugendlichen also als belastbarer, zum Beispiel gegenüber akustischen Reizen oder sozialen Anforderungssituationen.

Jetzt mit der neuen Medikation auch, dieses Getrieben-Sein, innere Unruhe, das ist besser geworden. Dann kann sie so viele Situationen auch besser verkraften, wenn jetzt jemand anders zuerst frühstückt. Ich hab' heute früh eben mit einem Kind zuerst frühstücken müssen, dann hat sie eben schon auch gewartet. [...] das ist wirklich besser geworden. (E36, 10)

In diesem Zusammenhang ist festzustellen, dass unter der Bedingung längerfristig vorherrschender, umfeldbedingter Risikofaktoren, wie beispielsweise grundlegende Veränderungen in der Tages- und Betreuungsstruktur (z.B. Ferienzeiten) oder personelle Veränderungen in der Schule oder Wohngruppe, psychopharmakologische Medikation teilweise dazu beitragen kann, die Kinder und Jugendlichen emotional zu stabilisieren und herausforderndes Verhalten zu reduzieren.

Reduzierung von FeM durch medikamentöse Therapie

Darüber hinaus hat sich gezeigt, dass durch die Wirkung psychopharmakologischer Medikation teilweise räumliche oder mechanische FeM seltener zur Anwendung kommen, da massive Erregungszustände und damit verbundene Auto- oder Fremdaggressionen seltener auftreten.

Ermöglichung sozialer Teilhabe

Es stellte sich heraus, dass durch psychopharmakologische Medikamente und die damit einhergehende Reduzierung herausfordernder Verhaltensweisen häufig ein höheres Maß an sozialer Teilhabe möglich wird. So wird berichtet, dass Veränderungen des individuellen pädagogischen Konzepts, welche ein Mehr an Teilhabe ermöglichen (z.B. Einbindung in gemeinsame Mahlzeiten oder Freizeitaktivitäten), vorgenommen werden können.

Und man hat jetzt die drei Monate wirklich das Gefühl gehabt, dass die Mediänderung ihm wirklich guttut und wir einfach viel, viel besser mit ihm arbeiten konnten und durch das hat sich auch das Konzept mit ihm so ein bisschen verändert, sodass wir wieder mehr Ausflüge und mehr Beschäftigung außerhalb der Einrichtung angeboten haben. Das war vorher nicht mehr möglich, weil sich einfach das keiner mehr zugetraut hat. (E15, 6)

Zudem hat sich gezeigt, dass die kontinuierliche Gabe von Bedarfsmedikation die Kinder und Jugendlichen in manchen Fällen während der Wochenendaufenthalte im familiären Umfeld, welche durch Risikofaktoren, wie Umgebungswechsel, veränderte Tagesstrukturen und andere Bezugspersonen geprägt sind, positiv unterstützen kann. Die stimmungsausgleichende, sedierende Wirkung der Bedarfsmedikamente ermöglicht in diesem Kontext familiäre Einbindung, welche wiederum langfristige positive Effekte auf die Stabilisierung des Erlebens und Verhaltens der Kinder und Jugendlichen haben kann.

Nebenwirkungen und Gewöhnungseffekte

Aber es wird auch von negativen Folgen der medikamentösen Therapie berichtet. So werden als Nebenwirkung teilweise massive Gewichtszunahmen beschrieben. Neben den negativen gesundheitlichen Auswirkungen kann diese Nebenwirkung auch die Intensität herausfordernden Verhaltens bedingen.

An anderer Stelle zeigen sich bei jahrelanger medikamentöser Therapie teilweise Gewöhnungseffekte, sodass für Mitarbeitende keine positiven Wirkungen der Medikamente auf das Verhalten und Erleben der Betroffenen mehr erkennbar sind und gleichzeitig eine immer höhere Dosierung der Medikamente notwendig wird (Toleranzentwicklung). Zudem wird die Wirkung der Bedarfsmedikation in einzelnen Fällen auch als aufrechterhaltender oder verstärkender Faktor für herausfordernde Verhaltensweisen beschrieben; so wird vermutet, dass mit sedierenden Medikamenten auch ein Nachlassen selbstregulativer und kognitiver Kompetenzen einhergehen kann.

Also sie hat natürlich auch ihr Bedarfsmedikament bekommen, teilweise auch voll ausgeschöpft. Macht sie schon müde, hat sie aber jetzt überhaupt nicht an dem Verhalten gehindert. Und ich hab' auch manchmal das Gefühl, manchmal macht es das dann noch schlimmer, weil dann wird sie total müde und dann kann sie erst recht keinen klaren Gedanken mehr fassen, was passiert denn hier jetzt eigentlich gerade. Dann versinkt sie so ein bisschen in ihrer Welt und schlägt dann den Kopf gegen die Wand einfach nur noch. (E41, 7)

Hohe Bedeutung der Reflexion von Ursachen herausfordernden Verhaltens

Als äußerst bedeutend hat sich zudem herausgestellt, vor der Gabe bedarfsorientierter sedierender und stimmungsausgleichender Medikamente die Funktionen und Gründe des gezeigten herausfordernden Verhaltens gründlich zu reflektieren. So konnten in mehreren Fällen (chronische) Schmerzen als Grund für Erregungszustände ausgemacht werden, welchen mit Schmerzmitteln und fachärztlichen Untersuchungen begegnet werden konnte. Der Aufmerksamkeit der Mitarbeitenden kommt hier besondere Bedeutung zu.

Ambivalentes Verhältnis zu Psychopharmakotherapie

Innerhalb der Stichprobe zeigt sich eine ambivalente Haltung der Wohngruppenmitarbeitenden zu psychopharmakologischer Therapie und insbesondere zu bedarfsorientierter Medikation. Einerseits sind Mitarbeitende häufig zurückhaltend mit der Gabe von psychopharmakologischen Medikamenten, spüren hohe Verantwortung bezüglich ihrer „Entscheidungsmacht" über den Einsatz von Bedarfsmedikation und teilen teilweise den Wunsch mancher Eltern nach möglichst geringer oder nur vorübergehender medikamentöser Einflussnahme. Gleichzeitig wird die Gabe psychopharmakologischer Medikation oftmals als notwendiger Kompromiss oder Alternative zu räumlichen oder mechanischen FeM beschrieben; vorschnelle Medikamentenreduzierungen werden nicht für sinnvoll erachtet.

Hierin zeigt sich die Notwendigkeit einer grundlegenden Qualifizierung der Mitarbeitenden in Bezug auf die Wirkungsweisen und die Anwendung psychopharmakologischer Medikamente. Eine hohe Bedeutung kommt auch einer intensiven ambulanten kinder- und jugendpsychiatrischen Unterstützung und Zusammenarbeit zu, um eine medikamentöse Therapie entsprechend fachlichen Maßstäben zu ermöglichen und somit zu einer Verbesserung der Lebensqualität der Kinder und Jugendlichen beizutragen.

Kinder- und jugendpsychiatrische Versorgungsstruktur

Die ambulante kinder- und jugendpsychiatrische Versorgung erfolgt im Rahmen der Stichprobe mit Hilfe sogenannter Konsiliardienste. In regelmäßigen Abständen werden Fallgespräche mit den zuständigen Psychiater*innen über die Angemessenheit und zur Anpassung der medikamentösen Therapie geführt. Eine Einschätzung über die Angemessenheit der medikamentösen Einstellung wird hierbei auf Grundlage des aktuellen Erlebens und Verhaltens der Kinder und Jugendlichen getroffen und erfolgt auf Grundlage systematischer Dokumentationen der Mitarbeitenden. In den meisten Fällen finden die Fallgespräche in Abwesenheit der Kinder und Jugendlichen statt, die Eltern nehmen teilweise an den Fallgesprächen teil; andernfalls erfolgt die Information der Eltern durch die Mitarbeitenden. Neben Anpassungen der medikamentösen Therapie beschreiben Mitarbeitende in manchen Fällen einen hilfreichen Austausch zu pädagogisch-therapeutischen Umgangsmöglichkeiten mit herausfordernden Situationen. Geringfügigere Änderungen der medikamentösen Therapie (z.B. Dosierungsänderungen) werden bei Bedarf oftmals auch telefonisch auf Grundlage der Aussagen der Mitarbeitenden besprochen und von den zuständigen Psychiater*innen angeordnet.

Eine adäquate, hilfreiche medikamentöse Therapie zu finden, wird häufig als ein langwieriger Suchprozess beschrieben – insbesondere da die Patienten nicht über die reflexiven oder auch (verbal-)sprachlichen Kompetenzen verfügen, ihr Erleben im Zusammenhang mit der medikamentösen Therapie mitteilen zu können. Eine positive Rahmenbedingung stellt hierbei personelle Konstanz hinsichtlich der ärztlichen Betreuung dar.

Über die ambulanten Konsiliardienste hinaus wurden bei allen Kindern und Jugendlichen der Stichprobe – vor allem aufgrund akuter Krisen – bereits grundlegende Diagnosestellungen und medikamentöse Einstellungen sowie Reevaluierungen in kinder- und jugendpsychiatrischen Kliniken mit spezialisierten Stationen für den Personenkreis vorgenommen. In diesem Zusammenhang wird jedoch eine deutliche Unterversorgung an stationären Plätzen beschrieben. Teilweise monatelange Wartezeiten für stationäre Aufnahmen können dem akuten psychiatrisch-therapeutischen Hilfebedarf der Kinder und Jugendlichen kaum gerecht werden; damit verbunden entstehen über mehrere Monate Situationen massiver Belastung und fachlicher Überforderung der pädagogischen Fachkräfte in den Wohneinrichtungen. Die Notwendigkeit der Verbesserung dieser Situation ist evident.

5 Beantwortung der Forschungsfragen und Diskussion

Schließlich sollen die Fragestellungen beantwortet werden. Dazu werden die in Abschnitt 3 und 4 dargestellten Ergebnisse bezugnehmend auf die übergeordneten Fragestellungen zusammengefasst (5.1). Darauf aufbauend werden von den Autor*innen Implikationen für die Praxis pädagogischen Handelns auf Mikro- und Makroebene formuliert (5.2). Abschließend werden Stärken und Limitationen des forschungsmethodischen Vorgehens der Studie angesprochen (5.3) und Aussagen zu Forschungsdesiderata gemacht (5.4).

5.1 Beantwortung der Forschungsfragen

Vor dem Hintergrund der oftmals undifferenzierten öffentlichen Diskussion in Bezug auf FeM, den betreffenden Personenkreis und die pädagogische Arbeit mit ihm, wurden die folgenden übergeordneten Fragestellungen formuliert (siehe auch Abschnitt 1), welche unter größtmöglicher Beteiligung der kooperierenden Einrichtungen am Forschungsprozess und mit dem Ziel, anwendungsorientierte bzw. praxisrelevante Ergebnisse zu generieren, bearbeitet wurden. Ziel dieser Studie war es daher, die pädagogische Situation und Arbeit in intensiv betreuten Wohngruppen mit Kindern und Jugendlichen mit geistiger Behinderung und herausforderndem Verhalten über einen längeren Zeitraum kontinuierlich wissenschaftlich zu begleiten, ...

- um den Personenkreis differenziert zu beschreiben.
- um pädagogisches Handeln und pädagogische Prozesse im Kontext herausfordernden Verhaltens zu beschreiben.
- um den Umgang der Einrichtungen mit freiheitsentziehenden Maßnahmen (FeM) zu beschreiben und Bestrebungen der Einrichtungen nachzuzeichnen, FeM zu reduzieren und Alternativen zu FeM zu entwickeln.

Zur Beantwortung dieser Ziel- und Fragestellungen wurde forschungsmethodisch sowohl quantitativ (Abschnitt 3) als auch qualitativ (Abschnitt 4) vorgegangen, wobei der Schwerpunkt dieser Untersuchung qualitativer Art war.

5.1.1 Beschreibung des Personenkreises

In Bezug auf die Beschreibung des intensiv betreuten Personenkreises zeigten sich zusammenfassend folgende Ergebnisse:

Individuelle Bedingungen

Der Stichprobe des qualitativen Teils der Untersuchung (Einzelfallstudien; *N* = 8), welche gezielt und nach dem Prinzip einer maximalen Kontrastierung in Bezug auf ausgewählte relevante Kriterien gebildet wurde, kann durchgehend ein intensivpädagogischer Betreuungsbedarf zugeschrieben werden. Es zeigt sich hier eine ausgeprägte Heterogenität hinsichtlich der vorliegenden Intelligenzminderung; so erstreckt sich der Schweregrad der kognitiven Beeinträchtigungen bzw. Intelligenzminderung nach ICD-10 innerhalb der Stichprobe von „leicht" bis „schwerst". In Bezug auf sprachlich-rezeptive und sprachlich-produktive Kompetenzen zeigt sich ein ähnliches Bild, was die Heterogenität angeht. Hinsichtlich der beiden letztgenannten Aspekte (Intelligenzminderung und Sprache) besteht also eine starke Heterogenität, wobei bei dem Personenkreis mit intensivpädagogischem Betreuungsbedarf tendenziell eher stärkere Beeinträchtigungen vorliegen. So zeigte sich im quantitativen Teil der Untersuchung (*N* = 129), der eine Charakterisierung aller in den stationären Einrichtungen wohnenden Kinder und Jugendlichen zum Ziel hatte, dass bei dem Personenkreis, dem ein intensivpädagogischer Betreuungsbedarf zugeschrieben wird, ein vergleichsweise höherer Schweregrad der Intelligenzminderung und niedrigere sprachlich-produktive Kompetenzen bestehen. Der Personenkreis mit intensivpädagogischem Betreuungsbedarf macht mehr als die Hälfte der Bewohner*innenschaft in der Stichprobe des quantitativen Teils aus.

Neben der Intelligenzminderung liegt bei den Einzelfällen des qualitativen Teils der Studie (*N* = 8) mindestens ein psychiatrisches Störungsbild vor. In diesem Zusammenhang sind Autismus-Spektrum-Störungen, Bindungsstörungen, Aktivitäts- und Aufmerksamkeitsstörungen, Hyperkinetische Störungen des Sozialverhaltens und Posttraumatische Belastungsstörungen zu nennen. Die Biographien der Kinder und Jugendlichen sind meist durch Wohneinrichtungs- und Schulwechsel geprägt; teils erfolgten mehrere stationäre kinder- und jugendpsychiatrische Aufenthalte. In manchen Fällen sind die Familienkonstellationen belastet (z.B. Eltern mit geistiger Behinderung, Missbrauch, Gefängnisaufenthalte von Elternteilen, Sorgerechtsentzug).

Herausfordernde Verhaltensweisen

In Bezug auf herausfordernde Verhaltensweisen konnte im quantitativen Teil der Untersuchung (N = 129) gezeigt werden, dass der Personenkreis, dem ein intensivpädagogischer Betreuungsbedarf zugeschrieben wird, im Vergleich mit Kindern und Jugendlichen ohne intensivpädagogischem Betreuungsbedarf wesentlich häufiger herausforderndes Verhalten zeigt. Es kann daher vermutet werden, dass herausforderndes Verhalten einen bedeutenden Faktor für die Beurteilung als intensivpädagogisch betreuungsbedürftig darstellt.

Im qualitativen Teil der Untersuchung – also in den Einzelfallstudien (N = 8) – zeigte sich, dass bei dem Personenkreis mit intensivpädagogischem Betreuungsbedarf grundsätzlich alle der im Fachdiskurs beschriebenen Äußerungsformen herausfordernden Verhaltens auftreten (siehe auch Theunissen, 2016, 52f.). Besonders vertreten sind Auffälligkeiten im Sozialverhalten in Form von physischen Fremdaggressionen gegenüber Mitbewohner*innen und Mitarbeitenden (z.B. Schlagen, Beißen, Kopfstöße, Treten, Ziehen an Haaren) und selbstverletzende Verhaltensweisen (z.B. Sich-Schlagen und -Beißen, Schlagen des Kopfes gegen Gegenstände, Sich-Erbrechen). Dies muss vor dem Hintergrund der gezielten Stichprobenziehung im qualitativen Teil dieser Untersuchung betrachtet werden, die als ein Kriterium die Anwendung von FeM vorsah. Da laut § 1631b BGB FeM zur Abwendung einer erheblichen Selbst- oder Fremdgefährdung in Betracht kommen, wenn „der Gefahr nicht auf andere Weise [...] begegnet werden kann", erscheint dieser Befund erwartungsgemäß. Aber auch die anderen Dimensionen von herausforderndem Verhalten treten bei dem intensiv betreuten Personenkreis auf: Auffälligkeiten im Sozialverhalten in Form von verbalaggressivem Verhalten (z.B. Beleidigungen, Androhung von Gewalt, forderndes Verhalten), Auffälligkeiten im psychisch-emotionalen Bereich (z.B. Unsicherheit, Ängstlichkeit, Weinen, Anspannung), Auffälligkeiten gegenüber Sachobjekten (z.B. Beschädigung von Gegenständen, Schmieren von Kot und Urinieren an unpassenden Orten), Auffälligkeiten im somato-physischen Bereich (z.B. motorische Unruhe, auffälliges Essverhalten) und sogenannte irritierende Verhaltensweisen (z.B. zwanghaftes Verhalten in Bezug auf die Kleidungsauswahl, die Positionierung von Gegenständen oder die Reihenfolge von Handlungen). Auffälligkeiten im Arbeits- und Leistungsbereich werden ebenfalls – aber mit einer geringeren Häufigkeit – genannt. Dies könnte auf die Merkmale und Zielrichtung des Wohnbereichs zurückgeführt werden, in dem im Vergleich zum Lebensbereich Schule Förderung und Leistungsanforderungen laut den Befragten eine geringere Rolle spielen.

Bedingende Faktoren und Funktionen herausfordernden Verhaltens

Die Kenntnis bedingender Faktoren und Funktionen von herausfordernden Verhaltensweisen kann als wesentlich für den Umgang damit bezeichnet werden. Als besonders bedeutende bzw. häufige Erklärungsmuster der Mitarbeitenden sind zu nennen, dass das Verhalten ...

- als Reaktion auf Anforderungen, Überforderung und Frustration,
- zur Durchsetzung eigener Vorstellungen und Bedürfnisse und
- als Ausdruck von Unsicherheit gezeigt wird.

Herausforderndes Verhalten als Reaktion auf Anforderungen, Überforderung und Frustration wird von den Mitarbeitenden vor allem auf soziale Überforderung in Gruppensituationen, Zeitdruck, Erwartungen der Mitarbeitenden an das Verhalten der Kinder und Jugendlichen und auf Förderangebote zurückgeführt. Herausforderndes Verhalten zur Durchsetzung von Vorstellungen und Bedürfnissen bezieht sich häufig auf die Erlangung von Aufmerksamkeit und Zuwendung der Mitarbeitenden. Aber auch das Einfordern gewünschter Aktivitäten, Unzufriedenheit mit dem Essensangebot und Begebenheiten, welche aus der Sicht von Außenstehenden nichtig erscheinen, sind hier zu nennen. In Interaktion mit neuen Mitarbeitenden, die noch kaum Kenntnis von den individuellen Bedürfnissen haben, und wenn Bedürfnisse aufgeschoben werden müssen, tritt das Verhalten ebenfalls besonders häufig auf. Herausforderndes Verhalten als Ausdruck von Unsicherheit bezieht sich häufig auf Veränderungen gewohnter Strukturen und auf das Eintreten unvorhersehbarer Ereignisse. Unsicherheit kann aber auch von den Interaktionsmustern der Mitarbeitenden herrühren. So kann unsicheres, angespanntes und inkonsequentes erzieherisches Verhalten dazu führen, dass die Kinder und Jugendlichen Schwierigkeiten haben, das Verhalten der Mitarbeitenden zu antizipieren. Dieses Problem stellt sich besonders bei neuen Mitarbeitenden und ist aufgrund der oftmals hohen Personalfluktuation und der hohen Anzahl an Mitarbeitenden in den Wohngruppen besonders virulent.

Neben den genannten Faktoren erklären sich Mitarbeitende herausforderndes Verhalten zudem häufig als Stressreaktion infolge eines hohen Reizniveaus. Eine hohe akustische Belastung und eine Vielzahl an sozialen Reizen aufgrund der vielen anwesenden Personen im Gruppenalltag (Mitarbeitende, Mitbewohner*innen, Fachdienste, Therapeut*innen) werden hier häufig angesprochen. In diesem Zusammenhang werden von Mitarbeitenden eine unzureichende akustische Dämmung, beengte Räumlichkeiten und fehlende räumliche Ressourcen als Ausweichmöglichkeiten oftmals bemängelt.

Einige der bisher genannten Risikofaktoren, wie zum Beispiel die hohe Personalfluktuation, die hohe Anzahl an Bezugspersonen, das hohe Reizniveau und beengte, ungünstige oder unflexible Raumkonzepte, können als typische Merkmale stationärer Settings bezeichnet werden. Aber auch somatische und entwicklungsbezogene Faktoren werden häufig in Bezug auf die Genese von herausforderndem Verhalten als Risikofaktoren genannt. Unter somatischen Bedingungen sind beispielsweise hormonelle Faktoren (z.B. Pubertät), hirnorganische Ursachen und Schmerzen zu verstehen. Mit entwicklungsbezogenen Bedingungen ist gemeint, dass herausforderndes Verhalten auf den jeweiligen Entwicklungsstand (z.B. Beeinträchtigung der Kognitionen, der selbstregulativen und sozialen Kompetenzen) oder auf das Vorliegen von psychiatrischen Störungsbildern zurückgeführt wird (z.B. Bindungsstörung, Autismus-Spektrum-Störung).

Die genannten bedingenden Faktoren und Funktionen gehen aufgrund des gewählten forschungsmethodischen Zugangs auf Erklärungsversuche und Interpretationsleistungen der befragten Mitarbeitenden zurück. Diese beeinflussen das pädagogische Handeln der Mitarbeitenden in entscheidender Weise, weshalb sie hier von zentraler Bedeutung sind. Es hat sich gezeigt, dass die diesbezüglichen Hypothesen und Aussagen der Mitarbeitenden durch ein hohes Maß an Unsicherheit geprägt sind. Dies liegt zum einen an der grundsätzlichen Schwierigkeit, Verhalten zu erklären und zu interpretieren. Im Hinblick auf den fokussierten Personenkreis kann diese Unsicherheit sicher zumindest teilweise auf die häufig eingeschränkten (verbal-)sprachlichen Kompetenzen der Kinder und Jugendlichen zurückgeführt werden.

Bei den Reflexionen der Mitarbeitenden bezüglich der Genese herausfordernden Verhaltens werden gemäß dem fachwissenschaftlichen Verständnis sowohl umwelt- als auch personenbezogene Faktoren (z.B. Hennicke, 2014, S. 223) berücksichtigt. Vergleicht man die dargestellten Ergebnisse – also die Erklärungsmuster der Mitarbeitenden – mit den in der Fachwissenschaft häufig diskutierten Erklärungsansätzen (z.B. Calabrese, 2017, S. 34ff.), so zeigt sich eine gewisse Übereinstimmung. Die in der Fachwissenschaft diskutierten Erklärungsansätze werden in den Verhaltensanalysen der Mitarbeitenden also größtenteils berücksichtigt. Allerdings ist auffallend, dass sich die Erklärungs-ansätze der Mitarbeitenden größtenteils auf situative Begebenheiten beziehen und somit eher gegenwartsbezogen sind. Biographisch bedingte Ursachen und Motive für herausforderndes Verhalten finden selten Erwähnung. Dies könnte möglicherweise auf die teils häufigen Einrichtungswechsel der Kinder und Jugendlichen zurückzuführen sein.

Folgen herausfordernden Verhaltens

Die beschriebenen herausfordernden Verhaltensweisen sind häufig mit massiven Folgen unterschiedlicher Art für den Personenkreis verbunden. In diesem Zusammenhang werden körperliche Verletzungen aufgrund von selbstverletzenden Verhaltensweisen und ein eingeschränktes psychisches Wohlbefinden genannt. Aber auch die medizinische Versorgung, die soziale Teilhabe in der Wohngruppe und familiäre Kontakte können aufgrund der herausfordernden Verhaltensweisen eingeschränkt sein bzw. werden. Aufgrund der auftretenden Verhaltensweisen werden zudem seltener entwicklungsförderliche Förder- und Lernangebote gemacht. Es wird also deutlich, dass herausforderndes Verhalten einen Risikofaktor in Bezug auf die soziale, kognitive und alltagspraktische Entwicklung der Kinder und Jugendlichen darstellt. Zudem hat sich gezeigt, dass die genannten Folgen immer auch selbst verstärkende Faktoren darstellen können und somit herausforderndes Verhalten aufrechterhalten können.

Die geschilderten Folgen verdeutlichen den pädagogischen Handlungsbedarf und die Notwendigkeit der Reflexion von Umgangsmöglichkeiten in Wissenschaft und Praxis. Im folgenden Abschnitt wird zusammenfassend dargestellt, welche Ergebnisse sich in Bezug auf den professionellen Umgang mit herausforderndem Verhalten im Rahmen dieser Untersuchung gezeigt haben.

5.1.2 Pädagogisches Handeln und pädagogische Prozesse im Kontext herausfordernden Verhaltens

Die folgenden Aspekte haben sich in den Einzelfallstudien im Zusammenhang mit dem pädagogisch-therapeutischen Umgang als typisch herausgestellt:

Dem herausfordernden Verhalten wird häufig – sowohl mit präventiver als auch mit interventiver Zielrichtung – mit Beschäftigungsangeboten begegnet. Beliebte Aktivitäten der Kinder und Jugendlichen, wie Bewegungsangebote oder gemeinsames Spielen, sind häufig genannte Beispiele. Dieses Vorgehen kann unterschiedliche Hintergründe haben. Häufig wird auf diese Weise versucht, bei zunehmendem Anspannungsniveau zu einer gewissen Ablenkung und somit Beruhigung beizutragen. Aber auch das Bedürfnis der Kinder und Jugendlichen nach Zuwendung und nach der jeweiligen Aktivität selbst kann hier im Vordergrund stehen. Da kontinuierliche Aufmerksamkeit und Beschäftigung aufgrund des Personalschlüssels kaum möglich sind, werden in manchen Fällen zusätzliche Individualstunden beantragt.

Auch die Art der Interaktions- und Beziehungsgestaltung der Mitarbeitenden zu den Kindern und Jugendlichen wird von den Befragten in Bezug auf die Entstehung von herausforderndem Verhalten als bedeutend eingeschätzt. So wird darauf geachtet, die Interaktionen positiv zu gestalten und wohlwollend und geduldig aufzutreten. Zudem wird versucht, sich konsequent, sicher und entspannt zu zeigen. Ein einheitliches Handeln innerhalb des Teams wird als förderlich im Hinblick auf die Vermeidung von herausforderndem Verhalten erachtet, was allerdings aufgrund der Größe der Teams und der Personalfluktuation nicht immer gelingt. In krisenhaften Situationen wird versucht, die Interaktion aufrechtzuerhalten, um so zu einer Entspannung beizutragen.

Da Unsicherheit auf Seiten der Kinder und Jugendlichen als bedeutender Risikofaktor wahrgenommen wird, versuchen Mitarbeitende außerdem, ein hohes Maß an Orientierung zu ermöglichen. Zu diesem Zweck wird auf relativ gleichbleibende Tagesabläufe geachtet. Außerdem wird mit Plänen, welche bevorstehende Ereignisse visualisieren, gearbeitet. Es wird in diesem Zusammenhang außerdem darauf geachtet, die Anzahl der zuständigen Bezugspersonen innerhalb des Teams für das Kind bzw. die/den Jugendlichen zahlenmäßig gering zu halten. Im Rahmen dialogzentrierter Vorgehensweisen sind gemeinsame Reflexionen nach krisenhaften Situationen zur emotionalen Nachbereitung zu nennen. In manchen Fällen finden aber auch regelmäßig Gesprächszeiten mit einer Bezugsperson statt, in denen beispielsweise vergangene Ereignisse oder das emotionale Erleben thematisiert werden können.

Der pädagogische Umgang mit herausforderndem Verhalten beinhaltet in allen Fällen auch Komponenten gemäß den Prinzipien der lernpsychologischen Theorie der Konditionierung. Wünschenswerte – also nicht herausfordernde – Verhaltensweisen werden durch das Anbieten beliebter Aktivitäten (Handlungsverstärker) oder von Objekten (materielle Verstärker), wie zum Beispiel Sammelbildern, verstärkt. Soziale Verstärker (z.B. Aufmerksamkeit, Zuwendung, Lob) werden besonders häufig genannt. Häufig wird durch das rasche Auflösen kritischer Situationen und durch die Entzerrung des Gruppenalltags versucht, Risikofaktoren für die Entstehung von herausforderndem Verhalten zu reduzieren (z.B. Lautstärke, Übergriffe von Mitbewohner*innen). Dies kann zum Beispiel durch Aktivitäten außerhalb der Wohngruppe mit einem Teil der Bewohner*innen oder durch die Vermeidung von gemeinsamen Mahlzeiten mit der gesamten Wohngruppe geschehen.

Es ist außerdem bedeutend für die Vermeidung und Abwendung von herausforderndem Verhalten, auf Bedürfnisbefriedigung und Wohlbefinden zu achten. Hier sind körperbezogene (z.B. Sauberkeit, Hunger, Durst, Schmerzen) und soziale Aspekte (z.B. Zuwendung), aber auch wachstumsorientierte Bedürfnisse zu nennen (z.B. Selbstbestimmung, Ausleben von Interessen). Auf etwaige unbefriedigte Bedürfnisse muss flexibel und rasch eingegangen werden. Dafür ist ein hohes Maß an Aufmerksamkeit und Einfühlungsvermögen seitens der Mitarbeitenden nötig.

Im Umgang mit herausforderndem Verhalten zeigen sich auch Maßnahmen, die auf die Förderung von Kompetenzen abzielen. Häufig werden hier Angebote im Bereich Unterstützter Kommunikation (UK) gemacht, um kommunikative Kompetenzen auszubauen (z.B. durch den Einsatz von Gebärden, Bildkarten, konkreten Objekten). Aber auch die Förderung selbstregulativer und sozialer Kompetenzen wird teilweise genannt. Die Verfolgung derartiger Förderziele muss nach Aussagen der Befragten langfristig erfolgen und darf nicht vorschnell abgebrochen werden, da Fortschritte oft erst nach längerer Zeit zu verzeichnen sind. Meist ist das pädagogische Handeln dadurch geprägt, dass Anforderungen vermieden oder reduziert werden, da Überforderung auf Seiten der Kinder und Jugendlichen zur Entstehung von Anspannung und herausforderndem Verhalten führen kann. Dies kann sich auf die Erwartungen der Mitarbeitenden an das Verhalten der Kinder und Jugendlichen beziehen; um zu deeskalieren, werden demnach teilweise herausfordernde Verhaltensweisen übergangen.

Aber auch Anforderungen, wie zum Beispiel Zeitdruck und Wartesituationen, werden nach Möglichkeit vermieden. Häufig sind Mitarbeitende zudem zurückhaltend mit Beschäftigungs- und Förderangeboten. Die Mitarbeitenden bewegen sich im Kontext von Förderzielen also in einem gewissen Spannungsverhältnis – zum einen zwischen der Vorenthaltung von Entwicklungsimpulsen und dem Bedingen von herausforderndem Verhalten aufgrund von Überforderung, und zum anderen zwischen einem nachgiebigen Vorgehen zur Vermeidung von Überforderung und dem ebenfalls positiv beurteilten konsequenten Auftreten. Es wird geäußert, dass ein angemessenes Maß zwischen den beschriebenen Polen schwierig zu finden ist.

Zusammenfassend kann in Bezug auf die geschilderten pädagogisch-therapeutischen Maßnahmen gesagt werden, dass das pädagogische Vorgehen sowohl an der Gestaltung der Umgebung als auch an dem Personenkreis mit intensivpädagogischem Betreuungsbedarf ansetzt. Es wird dabei sowohl präventiv, interventiv als auch postventiv vorgegangen. Bei der Betreuung des Personenkreises scheint der präventiven Gestaltung des Kontextes allerdings eine besondere Bedeutung zuzukommen (z.B. Entzerren des Gruppenalltags, Reduzierung von Anforderungen; Umgebungsgestaltung, die Orientierung erleichtert).

Die pädagogische Arbeit der Mitarbeitenden orientiert sich dabei in Teilen immer auch an konkreten pädagogisch-therapeutischen Konzepten, Ansätzen und Verfahren. Hier sind zum Beispiel Unterstützte Kommunikation (UK) und der TEACCH-Ansatz mit seinen Vorschlägen bezüglich Übersichtlichkeit, Visualisierung und Ankündigungsplänen zu nennen. Sehr häufig ist eine Orientierung an Präventions- und Deeskalationsprogrammen (z.B. ProDeMa) zu erkennen. Wie bereits beschrieben sind die Prinzipien der lernpsychologischen Theorie der Konditionierung ein verbreiteter Bestandteil der individuellen Betreuungskonzepte. Es finden sich also klare Hinweise darauf, dass die Einrichtungen darum bemüht sind, sich fachlich weiterzuentwickeln, und aufgeschlossen gegenüber externen Impulsen hinsichtlich der pädagogischen Arbeit mit dem intensiv betreuten Personenkreis sind.

In diesem Zusammenhang ist auch zu nennen, dass bei der Weiterentwicklung des pädagogischen Umgangs neben dem kollegialen Austausch auch die Kooperation mit anderen Professionen eine wichtige Rolle spielt. Hier sind pädagogische und psychologische Fachdienste, Deeskalationstrainer*innen, sogenannte Autismusexpert*innen, Fortbildungsangebote, Supervisionen und psychiatrische Kooperationspartner*innen zu nennen. Bei den genannten Kooperationspartner*innen handelt es sich teils um einrichtungsinterne, teils um externe Unterstützungssysteme. Fortbildungen in Bezug auf psychiatrische Störungsbilder (z.B. Traumata, Bindungsstörung) werden nach Ansicht der Befragten nur unzureichend angeboten. Psychiatrische Angebote in räumlicher Nähe und flexible Kommunikationsmöglichkeiten werden grundsätzlich als wünschenswert beurteilt. Auch eine enge Kooperation mit dem jeweiligen Schulpersonal wird für den Umgang mit herausforderndem Verhalten als förderlich erachtet. Hierfür bedarf es allerdings ebenfalls einer gewissen räumlichen Nähe und zeitlicher Ressourcen, welche häufig knapp bemessen sind. Der Weiterentwicklung der individuellen Betreuungskonzepte liegen aufwändige Dokumentationen zugrunde. Psychotherapeutische Angebote durch Therapeut*innen (z.B. in Bezug auf Traumata oder Bindungsstörungen) scheinen äußerst selten in der Arbeit mit dem Personenkreis zu sein, werden allerdings von Mitarbeitenden als wünschenswert erachtet.

5.1.3 Anwendung und Reduktion von freiheitsentziehenden Maßnahmen

Im Folgenden werden die typischen Aspekte, die sich im Zusammenhang mit der Anwendung von FeM gezeigt haben, zusammenfassend dargestellt. Dabei liegt den Ausführungen kein streng juristisches Verständnis von FeM zugrunde. Wenn von FeM die Rede ist, sind damit Maßnahmen mit restriktivem

Charakter gemeint. Aufgrund ihres spezifischen Charakters im Vergleich zu räumlichen, mechanischen und physischen FeM werden chemische FeM getrennt thematisiert (siehe unten: Gabe von Psychopharmaka bzw. chemische FeM).

Anwendung freiheitsentziehender Maßnahmen

In Zusammenhang mit der Anwendung von räumlichen, physischen und mechanischen FeM konnten die folgenden Aspekte als typisch identifiziert werden:

Räumliche FeM – also Einschlüsse in Zimmern oder Betten mit sicherndem Aufbau – scheinen innerhalb der Stichprobe in Bezug auf ihre Häufigkeit eine besondere Rolle zu spielen und werden bei massivem fremdaggressivem Verhalten vorgenommen, um Verletzungen von Mitbewohner*innen und Mitarbeitenden zu verhindern. Teilweise werden Einschlüsse allerdings auch vorgenommen, um bei auto- oder fremdaggressivem Verhalten zu einer Reduzierung der Anspannung beizutragen; dies ist dann der Fall, wenn Risikofaktoren für herausforderndes Verhalten nicht auf andere Art und Weise rasch abgewendet werden können. Falls aufgrund von herausforderndem Verhalten Einschlüsse vorgenommen werden müssen, wird häufig darauf geachtet, dass diese nicht in den Zimmern der Kinder und Jugendlichen, sondern in sogenannten Auszeiträumen stattfinden, um die Entstehung negativer Assoziationen zum eigenen Zimmer zu vermeiden; aufgrund fehlender räumlicher Ressourcen ist die Einrichtung eines Auszeitraums jedoch nicht immer möglich. Wenn Mitarbeitende der Meinung sind, dass herausforderndes Verhalten bevorsteht und nicht auf andere Art und Weise abgewendet werden kann, werden Einschlüsse teilweise auch mit präventiver Zielrichtung vorgenommen. Im Zusammenhang mit räumlichen FeM bewegen sich die Mitarbeitenden häufig in einem Spannungsverhältnis zwischen der Einschränkung der Handlungsfreiheit und den zu erwartenden massiven Folgen für alle Beteiligten bei einer nicht rechtzeitigen oder nicht erfolgten Anwendung. Mechanische (z.B. Schutzhelm, Armorthesen) und physische FeM (z.B. Festhalten) haben innerhalb der Stichprobe im Vergleich zu räumlichen FeM eine geringere Bedeutung und werden zur Abwendung von Selbstverletzungen angewendet.

Die Anwendung von FeM wird teilweise dann für nötig erachtet, wenn davon ausgegangen wird, dass alternative Vorgehensweisen (z.B. Zuwendung) eine Verstärkung von herausforderndem Verhalten darstellen. Dies ist dann der Fall, wenn nach Einschätzung der Befragten herausfordernde Verhaltensweisen gezeigt werden, um Aufmerksamkeit der Mitarbeitenden zu erlangen. Auch hier zeigt sich also ein Dilemma zwischen zwei nicht zufriedenstellenden Handlungsoptionen (Verstärkung herausfordernden Verhaltens und Anwendung von FeM).

Auf der anderen Seite treten aber auch Fälle auf, bei denen die Anwendung von FeM dazu führt, dass herausforderndes Verhalten verstärkt oder aufrechterhalten wird. Dies ist dann der Fall, wenn die angewendeten FeM den Bedürfnissen der Kinder und Jugendlichen entgegenlaufen und das gezeigte herausfordernde Verhalten somit als Ausdruck des Widerwillens zu verstehen ist; Kenntnis bzw. Hypothesen über die Bedingungen und Funktionen von herausforderndem Verhalten sind also von entscheidender Bedeutung. Allerdings kann auch der gegenteilige Fall eintreten, sodass die Kinder und Jugendlichen eine FeM einfordern – teils sogar mittels herausfordernden Verhaltens. Dies wird auf die spezifischen Funktionen, die die FeM für das Kind bzw. die/den Jugendlichen haben kann (z.B. Vermittlung von Sicherheit), oder auf Gewöhnung zurückgeführt. Häufig beziehen sich die Mitarbeitenden im Hinblick auf die Anwendung von FeM auf Empfehlungen ihrer psychiatrischen Kooperationspartner*innen. Es sind also Bestrebungen der Einrichtungen festzustellen, sich bezüglich der Anwendung von FeM abzusichern. Eine Aufgeschlossenheit für Impulse anderer Professionen ist klar erkennbar.

Reduktion freiheitsentziehender Maßnahmen

Im Zusammenhang mit Alternativen zu und Reduktionsbemühungen von FeM konnten zusammenfassend die folgenden Aspekte als typisch identifiziert werden:

Es hat sich gezeigt, dass FeM durch einen erhöhten Personalaufwand zum Teil vermieden werden können. So gehen Mitarbeitende in krisenhaften Situationen teilweise gemeinsam mit dem Kind bzw. der/dem Jugendlichen in einen Auszeitraum oder in das Zimmer der Kinder und Jugendlichen. Auf diese Weise kann eine Reduzierung von Risikofaktoren stattfinden, ohne dass FeM angewendet werden; zudem können die Kinder und Jugendlichen in der krisenhaften Situation emotional begleitet werden. Die Möglichkeit dieses Vorgehens ist allerdings abhängig von der Intensität und damit von dem Gefährdungspotential des herausfordernden Verhaltens. Der dafür notwendige Personalaufwand ist mit den vorhandenen Ressourcen außerdem nicht immer leistbar.

Neben personellen haben sich auch räumliche Ressourcen bei der Reduktion von FeM als relevant herausgestellt. So konnte in einem Fall die Anwendung einer mechanischen FeM (z.B. Helm, Armorthesen) reduziert werden, da ein gepolsterter Auszeitraum als Alternative zur Verfügung stand. Bei dem Einschluss im gepolsterten Auszeitraum handelt es sich zwar ebenfalls um eine FeM, allerdings wurde dem Auszeitraum von den Mitarbeitenden ein im Vergleich weniger restriktiver Charakter zugeschrieben. Nicht jede Wohngruppe verfügt jedoch über dementsprechende räumliche Ressourcen.

Das zuletzt genannte Beispiel verdeutlicht auch das folgende Analyseergebnis: In einigen Fällen, in denen FeM nach Ansicht der Mitarbeitenden nicht vermieden werden können, werden zunächst die jeweiligen FeM durch Maßnahmen ersetzt, welchen ein geringerer Restriktionsgrad zugeschrieben wird und welche den Kindern und Jugendlichen einen größeren Handlungsspielraum ermöglichen. Welche Maßnahmen als restriktiver einzuschätzen sind, ist immer auch abhängig vom jeweiligen Einzelfall und seinem Erleben.

Wie bereits beschrieben wird in manchen Fällen angenommen, dass Kinder und Jugendliche sich an FeM gewissermaßen gewöhnt haben und teils sogar versuchen, deren Anwendung durch herausforderndes Verhalten herbeizuführen. Es hat sich gezeigt, dass eine Entwöhnung zumindest teilweise gelingen kann. Es konnten Beispiele gefunden werden, in denen die Anwendung von FeM sukzessive reduziert oder abrupt darauf verzichtet wurde.

Die Dauer des Entwöhnungsprozesses kann stark variieren. Erschwerend ist in diesem Zusammenhang allerdings, dass während der Entwöhnungsphase herausforderndes Verhalten häufig verstärkt auftritt. Die Funktion, die die jeweilige FeM für das Kind bzw. die/den Jugendlichen eingenommen hatte (z.B. Sicherheitsgefühl), muss dabei von den Mitarbeitenden sorgfältig reflektiert und berücksichtigt werden, um die Aufrechterhaltung von herausforderndem Verhalten zu vermeiden.

Wie bereits erwähnt hat sich allerdings auch gezeigt, dass FeM selbst herausforderndes Verhalten aufrechterhalten oder verstärken können. Dies ist dann der Fall, wenn FeM den Bedürfnissen der Kinder und Jugendlichen entgegenstehen. Dies unterstreicht im Zusammenhang mit der Reduktion von FeM die hohe Bedeutung, den Funktionen herausfordernden Verhaltens nachzugehen.

Es konnte also gezeigt werden, dass die Reduktion von FeM teilweise gelingen kann. Allerdings gibt es hierfür keine allgemeingültigen Handlungsrezepte. Mitarbeitende geraten bei ihren Bemühungen, FeM zu reduzieren, häufig an Grenzen. Dies kann dann der Fall sein, wenn sich Mitarbeitende unschlüssig hinsichtlich der bedingenden Faktoren von herausforderndem Verhalten sind oder wenn der gewonnene Handlungsspielraum für die Kinder und Jugendlichen eine Überforderung darstellt.

Häufig wird zudem das Problem genannt, dass durch manche Alternativen herausforderndes Verhalten verstärkt wird (z.B. durch Aufmerksamkeit). Bei Kindern und Jugendlichen mit großer Körpergröße und -kraft scheint die Reduktion von FeM aufgrund der hohen Intensität des Verhaltens ebenfalls erschwert zu sein.

Auch in Bezug auf die Reduzierung von FeM zeigt sich eine ausgesprochene Offenheit der Kooperationspartner*innen für Impulse anderer Professionen (z.B. Psychiater*innen, Fachdienste, Autismusexpert*innen).

Gabe von Psychopharmaka bzw. chemische FeM

Im Hinblick auf die Gabe von Psychopharmaka im Umgang mit herausforderndem Verhalten konnten die folgenden typischen Aspekte identifiziert werden:

Es werden innerhalb der Stichprobe stimmungsregulierende und sedierend wirkende Medikamente der Wirkstoffgruppen der Neuroleptika, Antidepressiva und Tranquilizer verabreicht. Bei Kindern und Jugendlichen mit Epilepsie werden in manchen Fällen Antikonvulsiva (Medikamente zur Behandlung epileptischer Erkrankungen) auch mit der Zielrichtung der Stimmungsregulation gegeben. In der Regel werden den Kindern und Jugendlichen sowohl Fest- bzw. Basismedikation als auch bedarfsorientiert Psychopharmaka verabreicht.

Die Psychopharmaka werden bei krisenhaftem Verhalten und Erleben und bei Vorliegen psychiatrischer Störungsbilder gegeben. Als positive Wirkungen der Psychopharmaka werden eine stabilere Grundstimmung, geringere Anspannung, seltener auftretendes herausforderndes Verhalten und unauffälligeres Schlafverhalten genannt; zudem ist ein höheres Maß an Offenheit, Interesse und Flexibilität zu nennen. Die Wirkung der jeweiligen Medikamente ist laut den Befragten immer auch abhängig von anderen Wirkfaktoren (z.B. das pädagogische Handeln).

Bedarfsorientierte Medikation wird gegeben, wenn den Mitarbeitenden die Anspannung und das herausfordernde Verhalten durch pädagogische Einflussnahme nicht reduzierbar erscheint. Die Gabe von Bedarfsmedikation schwankt bei dem Personenkreis mit intensivpädagogischem Betreuungsbedarf von mehrmals täglich bis einmal in mehreren Monaten. In Bezug auf die Gabe von Psychopharmaka zeigen sich Unterschiede, die das Spannungsfeld, in dem sich Mitarbeitende bewegen, verdeutlichen: Teilweise wird Bedarfsmedikation sehr zurückhaltend gegeben, um Teilhabeeinschränkungen aufgrund der sedierenden Wirkung zu vermeiden. In anderen Fällen wird die Bedarfsmedikation eher frühzeitig gegeben, um der Entstehung von emotionalen Krisen vorzubeugen. Erschwerend sind im Zusammenhang mit der

Gabe von Medikation die zeitlich verzögerte Wirkung und die kaum zu antizipierende Entstehung und Entwicklung von Erregungszuständen.

Im Zusammenhang mit der Gabe von Psychopharmaka konnten die folgenden weiteren wesentlichen Aspekte ausgemacht werden: So wird unter der Bedingung massiver Grundanspannung die Gabe von Medikation häufig als nötige Voraussetzung für pädagogische Einflussnahme erachtet. Zudem wird wahrgenommen, dass die Kinder und Jugendlichen belastbarer gegenüber Risikofaktoren (z.B. Lautstärke, Anforderungen, Veränderungen gewohnter Strukturen) sind. Auf diesen Umstand können auch die Beobachtungen der Mitarbeitenden zurückgeführt werden, dass FeM seltener angewendet werden und ein höheres Maß an sozialer Teilhabe möglich ist (z.B. gemeinsame Freizeitaktivitäten, Wochenendbesuche im Elternhaus), wenn Psychopharmaka gegeben werden.

Aber auch negative Aspekte im Zusammenhang mit psychopharmakologischer Therapie werden thematisiert. Hier sind massive Gewichtszunahmen, durch welche sich die Intensität und somit auch die Problematik aggressiver Verhaltensweisen verschärfen kann, und die Toleranzentwicklung gegenüber den jeweiligen Medikamenten zu nennen. In einzelnen Fällen wird zudem vermutet, dass die Gabe von Psychopharmaka Anspannungszustände sogar aufrechterhalten kann, da mit der sedierenden Wirkung auch eine Reduktion von kognitiven und selbstregulativen Ressourcen verbunden sein kann. Dies verdeutlicht auch im Zusammenhang mit der Gabe von Psychopharmaka die hohe Bedeutung der Reflexion von Funktionen und Bedingungsfaktoren herausfordernden Verhaltens.

Die ambulante Einstellung der psychopharmakologischen Therapie erfolgt durch kinder- und jugendpsychiatrische Konsiliardienste. In regelmäßig stattfindenden Treffen werden auf der Grundlage der Verhaltensdokumentationen der Gruppenmitarbeitenden die Angemessenheit und Anpassung der Medikation diskutiert. Teilweise geben die psychiatrischen Kooperationspartner*innen auch pädagogisch-therapeutische Impulse; dies wird von den Befragten als gewinnbringend erachtet. Bei Bedarf findet auch telefonischer Austausch statt. Die Einstellung der Medikation stellt aufgrund der oftmals eingeschränkten reflexiven und sprachlichen Kompetenzen der Kinder und Jugendlichen häufig einen langen Suchprozess dar. Personelle Konstanz im Hinblick auf die zuständigen Psychiater*innen wird als positive Rahmenbedingung genannt. Größere Anpassungen der medikamentösen Einstellung erfolgen häufig stationär in auf den Personenkreis spezialisierten kinder- und jugendpsychiatrischen Kliniken; dies ist vor allem in krisenhaften Phasen der Fall. In diesem Zusammenhang wird allerdings eine Unterversorgung bemängelt. Monatelange Wartezeiten und somit langandauernde psychische Notsituationen der Kinder und Jugendlichen sind keine Seltenheit; eine hohe Belastung und Überforderung der Mitarbeitenden gehen damit häufig einher.

5.2 Implikationen für die pädagogische Praxis

Ausgehend von den Ergebnissen werden von den Autor*innen verschiedene Implikationen für die pädagogische Praxis formuliert. Zunächst wird auf der Mikroebene auf die Mitarbeitenden und ihr Handeln fokussiert, anschließend auf der Makroebene auf die Rahmenbedingungen der intensiv-pädagogischen Betreuung und Begleitung.

5.2.1 Mikroebene – Mitarbeitende und ihr Handeln

In Bezug auf das Handeln der Mitarbeitenden können die folgenden Implikationen formuliert werden:

Empathie und Aufmerksamkeit

Es hat eine entscheidende Bedeutung, die Kommunikationsversuche der Kinder und Jugendlichen ernst zu nehmen und zu stärken. Dies ist insofern von Bedeutung, als bei dem Personenkreis häufig die Kommunikation von Bedürfnissen und eigenen Vorstellungen aufgrund beeinträchtigter (verbal-)sprachlicher Kompetenzen eingeschränkt ist. Aufgrund dessen müssen herausfordernde Verhaltensweisen immer auch als Kommunikationsversuche betrachtet werden. Dafür bedarf es – neben Angeboten im Bereich Unterstützter Kommunikation (UK) – eines hohen Maßes an Bewusstheit und

Einfühlungsvermögen in der pädagogischen Arbeit, um die Kommunikationsversuche der Kinder und Jugendlichen erkennen und angemessen interpretieren zu können. Dies erfordert eine Vielzahl an Aufmerksamkeits- und Energieressourcen und zudem hohe Fachkenntnis im Kontext Unterstützte Kommunikation (UK).

Unsicherheitstoleranz

Der Umgang mit dem intensiv betreuten Personenkreis ist tendenziell durch ein hohes Maß an Unsicherheit und Komplexität geprägt. In diesem Zusammenhang sind eine Vielzahl an Unwägbarkeiten und die häufig unklaren Bedingungszusammenhänge in Bezug auf das Verhalten des Personenkreises zu nennen. Außerdem konnte gezeigt werden, dass die Arbeit der Mitarbeitenden von vielen Spannungsverhältnissen und Dilemmata geprägt ist. Häufig stehen Mitarbeitende mehreren nicht zufriedenstellenden Handlungsoptionen gegenüber. Auf Seiten der Mitarbeitenden bedarf es also einer gewissen Unsicherheitstoleranz.

Permanente Reflexionsbereitschaft

Aufgrund der häufig vorherrschenden Unsicherheit in Bezug auf bedingende Faktoren und Funktionen von herausforderndem Verhalten und aufgrund der zahlreichen Spannungsverhältnisse, innerhalb derer sich Mitarbeitende in der pädagogischen Arbeit bewegen, ist zudem eine permanente Reflexionsbereitschaft nötig. Dies ist insofern besonders bedeutsam, als herausforderndes Verhalten durch das Handeln der Mitarbeitenden im ungünstigsten Fall sogar verstärkt oder aufrechterhalten wird. So müssen eigene Sichtweisen und Erklärungsmuster hinsichtlich der Funktionen und ursächlichen Bedingungen kontinuierlich hinterfragt werden. Systematische Verhaltensdokumentationen und eine gute Kenntnis biographischer Daten können in diesem Zusammenhang hilfreiche Faktoren darstellen; der Einbezug der Sorgeberechtigten (und der Kinder und Jugendlichen selbst) scheint für die Berücksichtigung biographischer Informationen ein erfolgversprechender Weg zu sein. Des Weiteren können auch kollegialer Austausch und interdisziplinäre Impulse wertvolle Hilfen bei der Identifizierung blinder Flecken darstellen. Dies gilt auch für den Umgang mit Dilemmata und Spannungsverhältnissen.

Auch die Notwendigkeit der Anwendung von FeM gilt es kontinuierlich zu hinterfragen – insbesondere, wenn diese einen präventiven Charakter haben. Es hat sich gezeigt, dass es sich lohnen kann, zumindest probehalber auf eine Anwendung zu verzichten; dabei müssen allerdings die jeweiligen Funktionen, die die FeM für die Kinder und Jugendlichen erfüllen, bei der Entwicklung von Alternativen immer berücksichtigt werden.

Abstimmung des pädagogischen Handelns im Team

Zudem hat es sich als wesentlich herausgestellt, im pädagogischen Umgang mit den Kindern und Jugendlichen innerhalb des Teams einheitlich vorzugehen. Es muss also auf der Grundlage von gemeinsamer Reflexion und Verhaltensanalysen ein gemeinsames pädagogisches Konzept mit einer gewissen Verbindlichkeit in Bezug auf jede*n einzelne*n Bewohner*in entwickelt und kontinuierlich weiterentwickelt werden. Zu diesem Zweck bedarf es einer konstruktiven Haltung und eines gewissen Maßes an Kompromissbereitschaft.

Frustrationstoleranz

Häufig ist das herausfordernde Verhalten der Kinder und Jugendlichen trotz gewisser Schwankungen über Jahre hinweg relativ stabil. Auch in Bezug auf Förderangebote sind die Fortschritte häufig eher gering oder treten verzögert ein. In der pädagogischen Arbeit bedarf es also einer gewissen Geduld und Frustrationstoleranz auf Seiten der Mitarbeitenden, sodass entwicklungsförderliche Impulse nicht vorenthalten werden.

Vorausschauende Haltung

Außerdem hat sich gezeigt, dass der pädagogische Umgang stark von präventiven Elementen geprägt ist. Die präventive Beeinflussung der Umgebung mit dem Ziel der Minimierung von Risikofaktoren zur Vermeidung herausfordernden Verhaltens nimmt also eine zentrale Stellung ein. Auch dafür bedarf es umfassender planerischer und kognitiver Ressourcen auf Seiten der Mitarbeitenden. Damit soll aber nicht gesagt werden, dass postventive Maßnahmen und Förderangebote grundsätzlich zu vernachlässigen sind. Allerdings kommt präventivem Arbeiten insofern eine besondere Bedeutung zu, als damit Krisen vermieden werden können und somit pädagogisches Arbeiten und Entwicklungsimpulse überhaupt erst möglich werden.

5.2.2 Makroebene – Rahmenbedingungen der intensivpädagogischen Betreuung

In der Folge werden Implikationen auf der Makroebene – also in Bezug auf die Rahmenbedingungen intensivpädagogischer Betreuung – formuliert:

Qualifizierung und interdisziplinäre Impulse

Es konnte gezeigt werden, dass es sich bei den Kindern und Jugendlichen mit intensivpädagogischem Betreuungsbedarf um einen Personenkreis mit spezifischen Unterstützungsbedarfen handelt. Aufgrund dessen ergibt sich eine besondere Notwendigkeit in Bezug auf die Qualifizierung der Mitarbeitenden und interdisziplinäre Impulse. Wie bereits erwähnt kann eine große Aufgeschlossenheit für externe Impulse und für Impulse anderer Professionen festgestellt werden (z.B. in Form von Fortbildungen, Supervisionen, Konsiliardiensten, Psycholog*innen). In diesem Zusammenhang sind allerdings häufig noch Lücken zu erkennen bzw. werden von den Befragten Lücken bemängelt. An dieser Stelle sind Fortbildungen zum Umgang mit psychiatrischen Störungsbildern zu nennen (z.B. Traumata, Bindungsstörungen). Da die Gruppenmitarbeitenden diejenigen sind, die die Entscheidung über die Gabe von Psychopharmaka treffen, muss außerdem über eine grundlegende Qualifizierung im Zusammenhang mit der Wirkungsweise und Anwendung nachgedacht werden. Auch eine stärkere Öffnung des Gruppendienstes für andere Berufsbilder gilt es zu reflektieren (z.B. Krankenpfleger*in für Psychiatrie).

Stärkung von Mitarbeitenden und Mitarbeiter*innenfürsorge

Es hat sich gezeigt, dass sich Mitarbeitende in der intensivpädagogischen Arbeit in einem Feld bewegen, welches durch Spannungsverhältnisse, Dilemmata und Unsicherheit geprägt ist. In Bezug auf den Umgang mit diesen Herausforderungen scheinen eine Stärkung und Vorbereitung der Mitarbeitenden von zentraler Bedeutung zu sein. Zudem muss ein Klima geschaffen werden, in dem offen über Unsicherheiten diskutiert werden kann.

Wie bereits thematisiert bedarf es auf Seiten der Mitarbeitenden umfangreicher Aufmerksamkeitsressourcen. Zur Gewährleistung der Regeneration sind ausreichende arbeitsfreie Tage zwischen den Diensten nötig. Hierzu bedarf es einer entsprechenden Gestaltung des Dienstplans und einer angemessenen Personalausstattung.

Personelle Konstanz

In der intensivpädagogischen Arbeit konnte personelle Konstanz als positive Rahmenbedingung identifiziert werden. So sind Mitarbeitende, die die Kinder und Jugendlichen eine längere Zeit kennen, vertrauter mit ihren Bedürfnissen und Kommunikationsversuchen; aber auch die Kinder und Jugendlichen sind sich sicherer hinsichtlich des zu erwartenden Verhaltens der Mitarbeiter*innen. Häufig wird allerdings eine hohe Personalfluktuation bemängelt. Hier gilt es, Anreize zu schaffen, dass Mitarbeitende trotz der hohen Anforderungen langfristig in der Gruppe arbeiten. In diesem Zusammenhang nennen Mitarbeitende häufig zusätzliche freie Tage zur Regeneration, Gefahrenzulagen, ein positives Betriebsklima, Wertschätzung, klare Zuständigkeiten und eine gute Erreichbarkeit von Unterstützung in Krisensituationen. Personelle Konstanz ist jedoch allein schon aufgrund des Schichtdienstes und der Vielzahl an Mitarbeitenden im Team nur eingeschränkt zu gewährleisten.

Personelle Ressourcen

Neben der Konstanz des Teams hat sich auch die Anzahl der diensthabenden Mitarbeitenden für den Umgang mit herausforderndem Verhalten als positive Rahmenbedingung herausgestellt. So sind zum Beispiel eine Auflösung von krisenhaften Situationen, ein Entzerren des Gruppenalltags und ein hohes Maß an Zuwendung und Aufmerksamkeit für einzelne Kinder und Jugendlichen ohne angemessene personelle Ressourcen kaum möglich. Zudem ermöglichen es höhere personelle Ressourcen, den Kindern und Jugendlichen vermehrt bedürfnisbezogene Angebote zu machen. Teilweise werden zu diesem Zweck zusätzliche Personalstunden beantragt.

Räumliche Ressourcen und bauliche Rahmenbedingungen

Auch die jeweiligen räumlichen und baulichen Rahmenbedingungen sind für die Arbeit mit Kindern und Jugendlichen mit herausforderndem Verhalten ein bedeutender Faktor. So wird in der Regel das hohe Reizniveau aufgrund der Vielzahl an anwesenden Personen (z.B. Mitbewohner*innen, Mitarbeitende) als Risikofaktor genannt. In diesem Zusammenhang werden oftmals flexible und großzügige Räumlichkeiten, Rückzugsmöglichkeiten und günstige raumakustische Bedingungen als förderliche Rahmenbedingungen angegeben. Leicht zugängliche Gärten können als positive Rahmenbedingung für das Auflösen kritischer Situationen und somit für die Entschärfung von Eskalationen genannt werden. Hier gilt es, die Raumprogramme den Bedürfnissen der Kinder und Jugendlichen anzupassen.

Zeitliche Ressourcen für die konzeptionelle Arbeit

Es hat sich außerdem gezeigt, dass häufige teaminterne Reflexionen, Absprachen und funktionale Verhaltensanalysen der Etablierung eines einheitlichen Umgangs mit herausfordernden Verhaltensweisen zuträglich sind. Auch Absprachen und die gemeinsame Erarbeitung von Maßnahmen mit dem jeweiligen Schulpersonal werden als gewinnbringend erachtet. Für diesen kollegialen Austausch bedarf es umfassender zeitlicher Ressourcen.

Ausbau psychiatrischer und psychotherapeutischer Unterstützungssysteme

Auf dem Hintergrund der teils monatelangen Wartezeiten für eine stationäre Aufnahme in kinder- und jugendpsychiatrischen Kliniken in krisenhaften Phasen muss in diesem Zusammenhang von einer Unterversorgung gesprochen werden. Ein Ausbau stationärer Plätze in psychiatrischen Kliniken mit Spezialisierung für Kinder und Jugendliche mit geistiger Behinderung (in Bayern) scheint dringend geboten. In Bezug auf ambulante psychiatrische Hilfen werden Angebote in räumlicher Nähe, flexible Kommunikationsmöglichkeiten in Krisensituationen und Konstanz im Hinblick auf die zuständigen Psychiater*innen als dringend nötig erachtet. Auch der Ausbau psychotherapeutischer Angebote für Kinder und Jugendliche mit geistiger Behinderung ist angesichts der unzureichenden Versorgungsstruktur anzustreben (z.B. in Bezug auf Traumata oder Bindungsstörungen).

Ausbau ambulanter Unterstützungssysteme

Im Zentrum dieser Studie steht das Wohnen von Kindern und Jugendlichen mit intensivpädagogischem Betreuungsbedarf in stationären Einrichtungen. Laut einer empirischen Untersuchung von Dworschak und Reiter (2017) tritt herausforderndes Verhalten bei den Kindern und Jugendlichen in stationären Wohnformen insgesamt häufiger als bei der in Familien lebenden Vergleichsgruppe auf. Dies weist darauf hin, dass es sich bei herausfordernden Verhaltensweisen um einen Risikofaktor für die Aufnahme in stationären Wohnformen handeln könnte. Um die Entstehung ungünstiger Entwicklungsverläufe und Heimaufnahmen zu vermeiden, bedarf es also auch eines Ausbaus ambulanter und wohnortnaher familiärer Hilfen und Unterstützungssysteme für den spezifischen Personenkreis.

5.3 Forschungsmethodisches Vorgehen – Stärken und Limitationen

Ein Ziel dieser empirischen Studie war es, ein realistisches Bild, das der Komplexität des untersuchten Phänomens – also der intensivpädagogischen Betreuung und Begleitung von Kindern und Jugendlichen mit geistiger Behinderung – Rechnung trägt, zu zeichnen, um zu einer sachlichen Diskussion beizutragen. Um der sozialen Realität in den Einrichtungen gerecht zu werden, wurde sich daher für ein größtenteils qualitatives Vorgehen mit einer umfangreichen explorativen Phase und offenen Erhebungsinstrumenten, die den Sichtweisen der Befragten Raum geben, entschieden. Vor allem zu Beginn der Projektlaufzeit wurde zudem großer Wert daraufgelegt, die Praxispartner*innen angemessen zu informieren, transparent aufzutreten und deren Bedürfnisse zu berücksichtigen, um Vertrauen aufzubauen. Dies wurde angesichts der sensiblen Thematik als wesentlich für das Gelingen der Erhebungen und des Forschungsvorhabens insgesamt erachtet. Zu diesem Zweck fanden mehrere Treffen und Feldaufenthalte statt.

Im Forscher*innenteam fand außerdem während des gesamten Forschungsprozesses eine intensive Reflexion darüber statt, wie den Maximen partizipativer Forschung (von Unger, 2014) bestmöglich entsprochen werden kann. Im Hinblick auf die Generierung anwendungsorientierter Ergebnisse – also Ergebnisse, welche in der Praxis nützlich sind – fand eine Beteiligung der Forschungspartner*innen auf den verschiedenen Ebenen der Einrichtungen im Rahmen von Treffen, telefonischem und schriftlichem Kontakt und im Rahmen von Feldaufenthalten in den Wohngruppen statt. Zudem wurde rückgemeldet, dass die Erhebungen in Form von Gruppendiskussionen und Interviews selbst wertvolle, methodisch angeleitete Reflexionsanlässe dargestellt hatten. Eine noch breitere Beteiligung der Mitarbeitenden der kooperierenden Wohngruppen wurde angestrebt, stieß allerdings aufgrund der begrenzten zeitlichen Ressourcen der Forscher*innen und der Fachkräfte an Grenzen.

Die Größe der Stichprobe der Einzelfallstudien (N = 8) ist angemessen und entspricht dem Stichprobenumfang anderer qualitativer Studien. Entscheidender als die Größe ist in qualitativen Studien allerdings ohnehin die Zusammensetzung der Stichprobe. Im Rahmen dieser Untersuchung fand eine gezielte Stichprobenziehung nach dem Prinzip der maximalen Kontrastierung in Bezug auf relevante Kriterien statt. Auf diese Weise wurde der Komplexität und Varianz des untersuchten Phänomens Rechnung getragen. Die Stichprobengröße des quantitativen Teils (N = 129) erscheint auf den ersten Blick für eine quantitative Untersuchung recht gering. Berücksichtigt man aber, dass es sich um Vollerhebungen in drei Einrichtungen handelt, welche zu den großen Anbietern von stationären Wohnplätzen für den Personenkreis mit intensivpädagogischem Betreuungsbedarf in Bayern gehören, haben auch die quantitativen Ergebnisse eine gute Aussagekraft.

5.4 Forschungsdesiderata und Ausblick

Im Rahmen dieser Untersuchung lag der Fokus auf dem professionellen Handeln und der Sichtweise der Fachkräfte in den kooperierenden Einrichtungen. Andere Perspektiven auf die intensivpädagogische Betreuung bzw. den Umgang mit herausforderndem Verhalten bei Kindern und Jugendlichen mit geistiger Behinderung allgemein könnten hier wichtige Ergänzungen liefern. In diesem Zusammenhang sind vor allem psychiatrische Unterstützungssysteme, das System Schule, das Elternhaus und vor allem auch die betroffenen Kinder und Jugendlichen selbst zu nennen.

Kooperative Aspekte zu anderen Beteiligten fanden in dieser Studie eine gewisse Berücksichtigung – ebenfalls über den Zugang der Mitarbeitenden. Eine stärkere Fokussierung kooperativer Strukturen zwischen den beteiligten Akteur*innen sollte in weiterführenden Untersuchungen thematisiert werden. Auch die Frage nach entwicklungsförderlich gestalteten Übergängen in den Erwachsenenbereich stellt sich bei diesem Personenkreis in besonderem Ausmaß.

Ein weiteres Forschungsdesiderat betrifft die Prävention ungünstiger Entwicklungsverläufe und stellt Fragen nach ambulanten Hilfen für Familien, um notwendig werdende stationäre Aufenthalte möglicherweise sogar vermeiden zu können.

Im Rahmen dieser Studie hat sich zudem mehrfach gezeigt, dass eine gewisse Unsicherheit im Hinblick auf die Anwendung und richterliche Genehmigungspflicht von FeM herrscht. Diese Unsicherheit wird durch teils unterschiedliche Auslegungen von Richter*innen verstärkt. Eine trennschärfere Klärung des Begriffs FeM könnte hier Abhilfe schaffen.

6 Verzeichnisse

6.1 Literaturverzeichnis

Baumann, D., Dworschak, W., Kroschewski, M., Ratz, C., Selmayr, A. & Wagner, M. (2021). *Schülerschaft mit dem Förderschwerpunkt geistige Entwicklung (SFGE 2). Eine Replikationsstudie.* Oberhausen: Athena.

Bessenich, J. & Hinz, T. (2018). CBP-Leitlinien. Leitlinien für Dienste und Einrichtungen, die Leistungen für erwachsene Menschen mit Behinderung/psychischer Erkrankung erbringen. *Neue Caritas. Freiheitsentziehende Maßnahmen. Schutz und Freiheit – ein Widerspruch? CBP-Spezial Heft 9/Juli 2018*, 4-15. Online unter: https://www.cbp.caritas.de/themen/praevention/praevention-gewaltschutz-freiheitsentziehende-massnahmen

Bienstein, P., Buscher, M., Caby, F., Hennicke, K., Hoffmann, K., Irblich, D. et al. (2014). *S2k-Leitlinie 028/042: Intelligenzminderung. Aktueller Stand; 12/2014.* Deutsche Gesellschaft für Kinder- und Jugendpsychiatrie, Psychosomatik und Psychotherapie. Online unter: https://www.awmf.org/uploads/tx_szleitlinien/028-042l_S2k_Intelligenzminderung_2014-12_verlaengert_01.pdf

Bronfenbrenner, U. (1981). *Die Ökologie der menschlichen Entwicklung. Natürliche und geplante Experimente.* Stuttgart: Klett-Cotta.

Bundesverband evangelische Behindertenhilfe e.V. (BeB) (2015). Freiheitsentziehende Maßnahmen (im Rahmen des §1906 BGB). Handreichung des Bundesverbandes evangelische Behindertenhilfe e.V.. Online unter: https://beb-ev.de/wp-content/uploads/2016/01/freiheitsentziehende-Massnahmen-Handreichung-2016.pdf

Bundesverband evangelische Behindertenhilfe e.V. (BeB) (2016). Stellungnahme des BeB zum Referentenentwurf eines Gesetzes zur Einführung eines familiengerichtlichen Genehmigungsvorbehaltes für freiheitentziehende Maßnahmen bei Kindern. Bundesverband evangelische Behindertenhilfe e.V..

Online unter: https://beb-ev.de/wp-content/uploads/2016/10/2016-10-10-Stellungnahme-BeB-zum-Gesetzesentwurf-familiengerichtlicher-G....pdf

Butterfield, L. D., Borgen, W. A., Amundson, N. E. & Maglio, A.-S. T. (2005). Fifty years of the critical incident technique: 1954-2004 and beyond. *Qualitative Research, 5*(4), 475-479. doi:10.1177/1468794105056924

Calabrese, S. (2017). *Herausfordernde Verhaltensweisen – Herausfordernde Situationen: Ein Perspektivenwechsel. Eine qualitativ-videoanalytische Studie über die Gestaltung von Arbeitssituationen von Menschen mit schweren Beeinträchtigungen und herausfordernden Verhaltensweisen.* Bad Heilbrunn: Klinkhardt.

Deutsches Institut für Medizinische Dokumentation und Information (DIMDI) (2019). *Internationale statistische Klassifikation der Krankheiten und verwandter Gesundheitsprobleme*, 10. Revision, German Modification (ICD-10-GM).

Dworschak, W., Kannewischer, S., Ratz, C. & Wagner, M. (2012). *Schülerschaft mit dem Förderschwerpunkt geistige Entwicklung (SFGE): Eine empirische Studie* (2., überarbeitete Auflage). Oberhausen: Athena.

Dworschak, W., Kapfer, A., Ratz, C., Reiter, T., Romanos, M., Volmer-Brinkmann, S. et al. (2018). Herausforderndes Verhalten und freiheitsentziehende Maßnahmen bei Kindern und Jugendlichen mit geistiger Behinderung. Begriffe, Prävalenz, interdisziplinäre Herausforderungen und Forschungsbemühungen. *Teilhabe, 57*(4), 163–166.

Dworschak, W., Ratz, C., Kapfer, A. & Reiter, T. (im Druck): *Der 10-Punkte-Plan des Bayerischen Staatsministeriums für Familie, Arbeit und Soziales (StMAS) im Kontext Freiheitsentziehender Maßnahmen in stationären Einrichtungen für Kinder und Jugendliche mit Behinderung in Bayern. Eine Reflexion aus Sicht der Einrichtungen.*

Dworschak, W. & Reiter, T. (2017). Kinder und Jugendliche mit geistiger Behinderung im Heim. Prävalenz und individuelle Merkmale. *Vierteljahresschrift für Heilpädagogik und ihre Nachbargebiete, 86*(4), 325-339. doi:10.2378/vhn2017.art37d

Einfeld, S. L., Tonge, B. J. & Steinhausen, H.-C. (2007). *Verhaltensfragebogen bei Entwicklungsstörungen (VFE). Deutsche Version der Developmental Behaviour Checklist (DBC). Manual.* Göttingen: Hogrefe Verlag.

Emerson, E. & Bromley, J. (1995). The form and function of challenging behaviours. *Journal of Intellectual Disability Research, 39*(5), 388-398. doi:10.1111/j.1365-2788.1995.tb00543.x.

Flanagan, J. C. (1954). The Critical Incident Technique. *Psychological Bulletin, 51*(4), 327–358. doi:10.1037/h0061470

Hasselhorn, M. & Gold, A. (2013). *Pädagogische Psychologie – Erfolgreiches Lernen und Lehren* (3., vollständig überarbeitete und erweiterte Auflage). Stuttgart: Kohlhammer Verlag.

Hennicke, K. (2014). Verhaltensauffälligkeiten – Problemverhalten – Psychische Störung. Unterschiede und Entscheidungshilfen. In K. Hennicke & T. Klauß (Hrsg.), *Problemverhalten von Schüler(inne)n mit geistiger Behinderung* (S. 220-249). Marburg: Lebenshilfe-Verlag.

Hennicke, K. (2016). Grenzen der Beschulbarkeit. In K. Hennicke & T. Klauß (Hrsg.), *Verhaltensauffälligkeiten bei Schüler(inne)n mit Intelligenzminderung. Eine Herausforderung für Pädagogik und Kinder- und Jugendpsychiatrie* (S. 188-211). Marburg: Lebenshilfe-Verlag.

Hoekman, J., Miedema, A., Otten, B. & Gielen, J. (2012). *Skala zur Einschätzung des Sozial-Emotionalen Entwicklungsniveaus (SEN).* Göttingen: Hogrefe Verlag.

Irblich, D. (2016). Sonderpädagogik trifft Psychotherapie - Konkurrenz oder sinnvolle Ergänzung? In K. Hennicke & T. Klauß (Hrsg.), *Verhaltensauffälligkeiten bei Schüler(inne)n mit Intelligenzminderung. Eine Herausforderung für Pädagogik und Kinder- und Jugendpsychiatrie* (S. 114-135). Marburg: Lebenshilfe-Verlag.

Jüttemann, G. (Hrsg.) (1990a). *Komparative Kasuistik*. Heidelberg: Asanger.

Jüttemann, G. (1990b). Komparative Kasuistik als Strategie psychologischer Forschung (1981). In G. Jüttemann (Hrsg.), *Komparative Kasuistik* (S. 21-42). Heidelberg: Asanger.

Jüttemann, G. (Hrsg.) (2009). *Komparative Kasuistik. Die psychologische Analyse spezifischer Entwicklungsphänomene*. Lengerich: Pabst Science Publisher.

Kuckartz, U. (2018). *Qualitative Inhaltsanalyse. Methoden, Praxis, Computerunterstützung* (4. Auflage). Weinheim: Beltz Juventa.

Lamnek, S. & Krell, C. (2016). *Qualitative Sozialforschung* (6. Auflage). Weinheim: Beltz.

Lingg, A. & Theunissen, G. (2017). *Psychische Störungen und geistige Behinderungen. Ein Lehrbuch und Kompendium für die Praxis* (7., überarbeitete und aktualisierte Auflage). Freiburg: Lambertus Verlag.

Sarimski, K. (2012). Zur Bedeutung von psychischen Störungen bei Kindern und Jugendlichen mit geistiger Behinderung. In C. Ratz (Hrsg.), *Verhaltensstörungen und geistige Behinderung* (Lehren und Lernen mit behinderten Menschen, Bd. 24, S. 39-54). Oberhausen: Athena.

Sarimski, K. & Steinhausen, H.-C. (2007). *Geistige Behinderung und schwere Entwicklungsstörung*. Kinder-Diagnostik-System KIDS (2). Göttingen: Hogrefe Verlag.

StMAS/ Bayerisches Staatsministerium für Familie, Arbeit und Soziales (2017). *Richtlinien für Heilpädagogische Tagesstätten, Heime und sonstige Einrichtungen für Kinder und Jugendliche und junge Volljährige mit Behinderung*. Online verfügbar: https://www.stmas.bayern.de/imperia/md/content/stmas/stmas_inet/wohnen/3.8.4.1_richtlinein_fur_heilpad._170701_2162-a_heimrichtlinien.pdf

Theunissen, G. (2001). Krisenintervention – Herausforderungen für einen interdisziplinären Ansatz. In E. Wüllenweber & G. Theunissen (Hrsg.), *Hilfen für*

Menschen mit geistiger Behinderung – Theorie, Praxis, Vernetzung (Handbuch Krisenintervention, Bd. 1, S. 49-75). Stuttgart: Kohlhammer.

Theunissen, G. (2016). *Geistige Behinderung und Verhaltensauffälligkeiten. Ein Lehrbuch für Schule, Heilpädagogik und außerschulische Unterstützungssysteme* (6., überarbeitete und erweiterte Auflage). Bad Heilbrunn: Verlag Julius Klinkhardt.

Theunissen, G. & Kulig, W. (2019). *Menschen mit geistiger oder mehrfacher Behinderung und sogenannten herausfordernden Verhaltensweisen in Einrichtungen der Behindertenhilfe in Baden-Württemberg. Ergebnisbericht.* Stuttgart: Kommunalverband für Jugend und Soziales Baden-Württemberg (KVJS). Online unter: https://www.kvjs.de/fileadmin/publikationen/Forschung/Herausforderndes_Verhalten_Internet.pdf

von Unger, H. (2014). *Partizipative Forschung. Einführung in die Forschungspraxis.* Wiesbaden: Springer. doi:10.1007/978-3-658-01290-8

Witzel, A. (2000). Das problemzentrierte Interview. *FQS Forum qualitative Sozialforschung, 1*(1), Art. 22. Online unter: http://www.qualitative-research.net/index.php/fqs/article/view/1132

6.2 Abbildungsverzeichnis

6.3 Tabellenverzeichnis

6.4 Autor*innenverzeichnis

Thomas Reiter, Andrea Kapfer, Prof. Dr. Wolfgang Dworschak
Universität Regensburg, Lehrstuhl für Pädagogik bei geistiger Behinderung einschließlich inklusiver Pädagogik

thomas-peter.reiter@ur.de
andrea.kapfer@ur.de
wolfgang.dworschak@ur.de

Prof. Dr. Christoph Ratz
Universität Würzburg, Lehrstuhl für Pädagogik bei Geistiger Behinderung

christoph.ratz@uni-wuerzburg.de